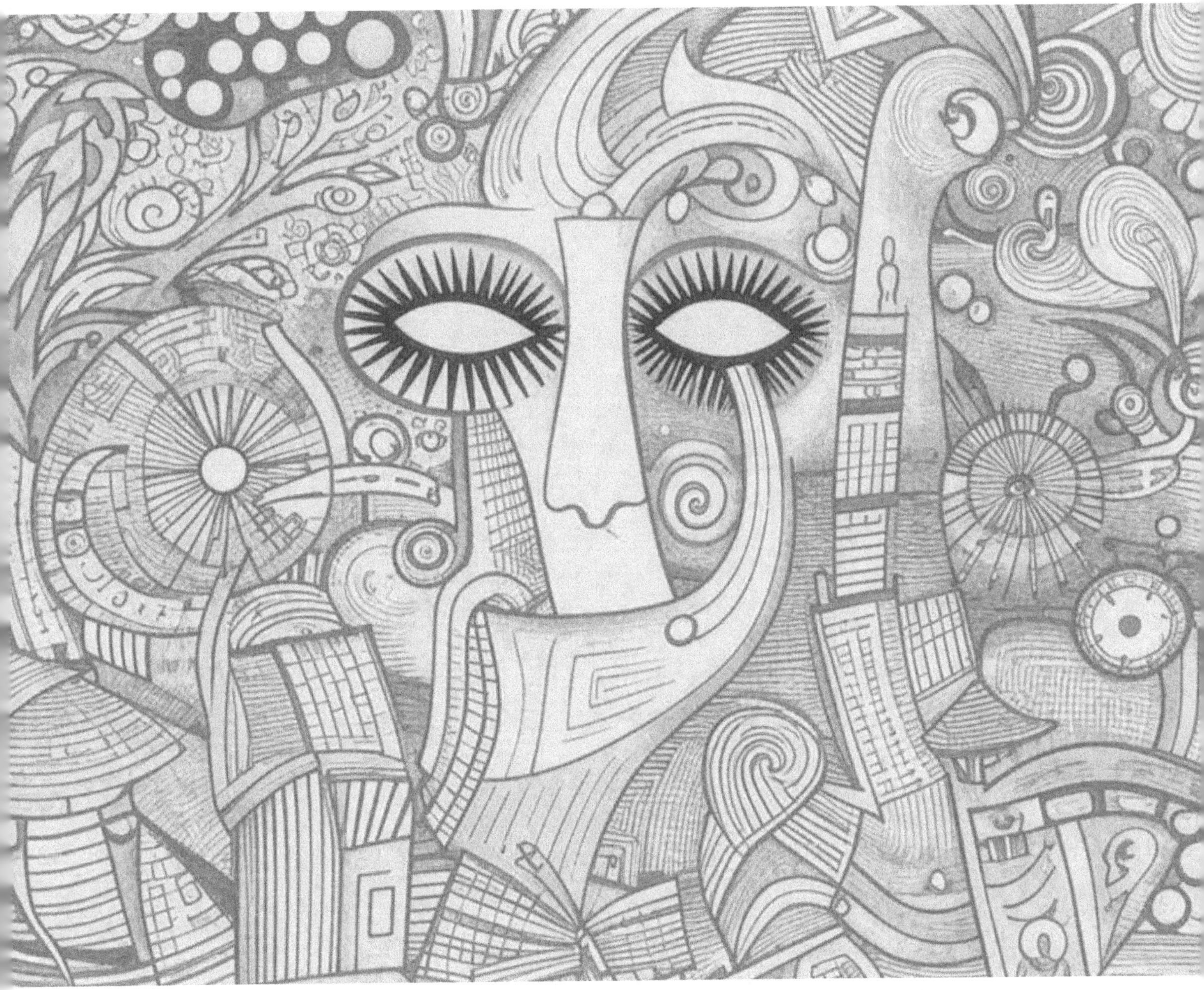

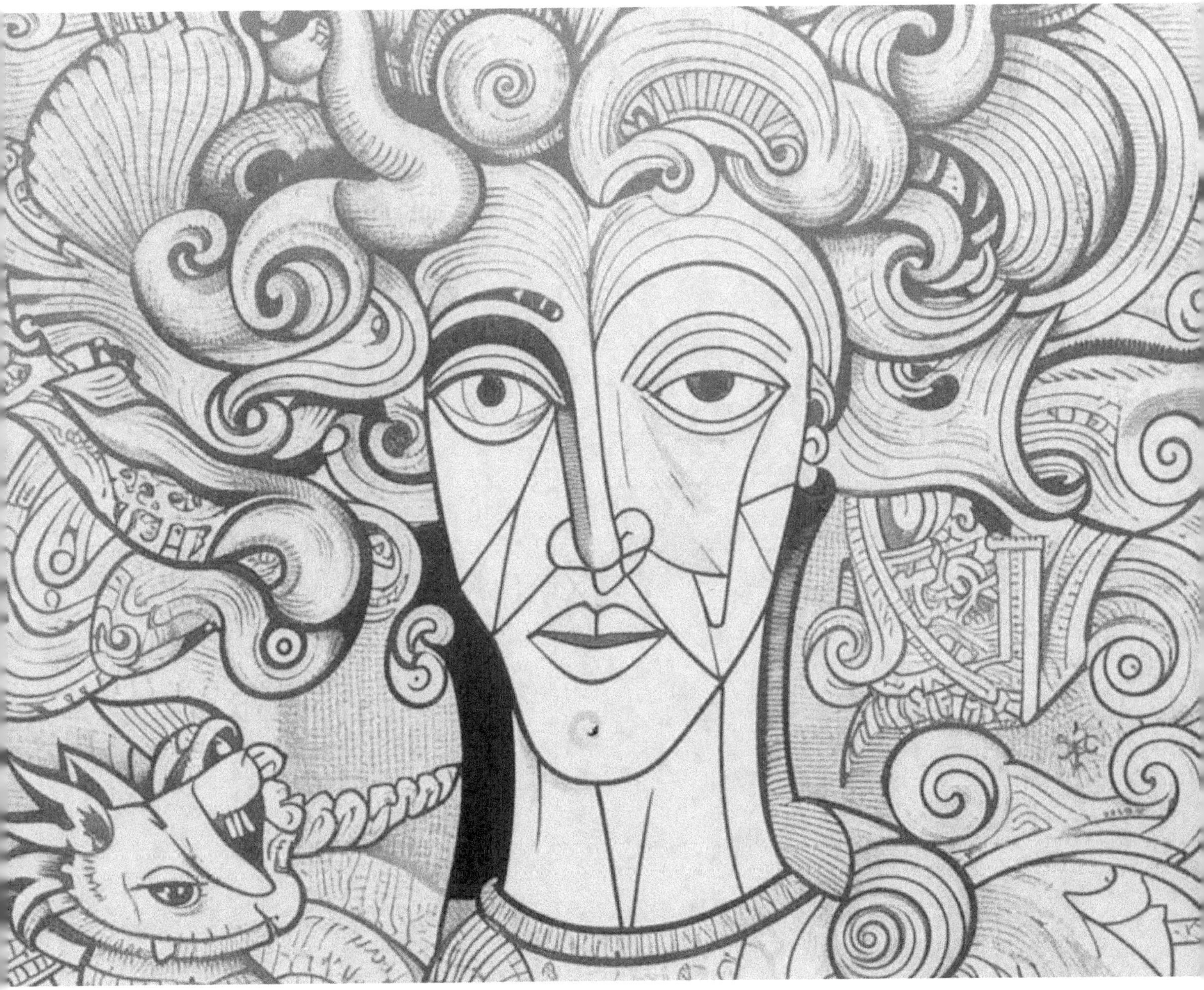

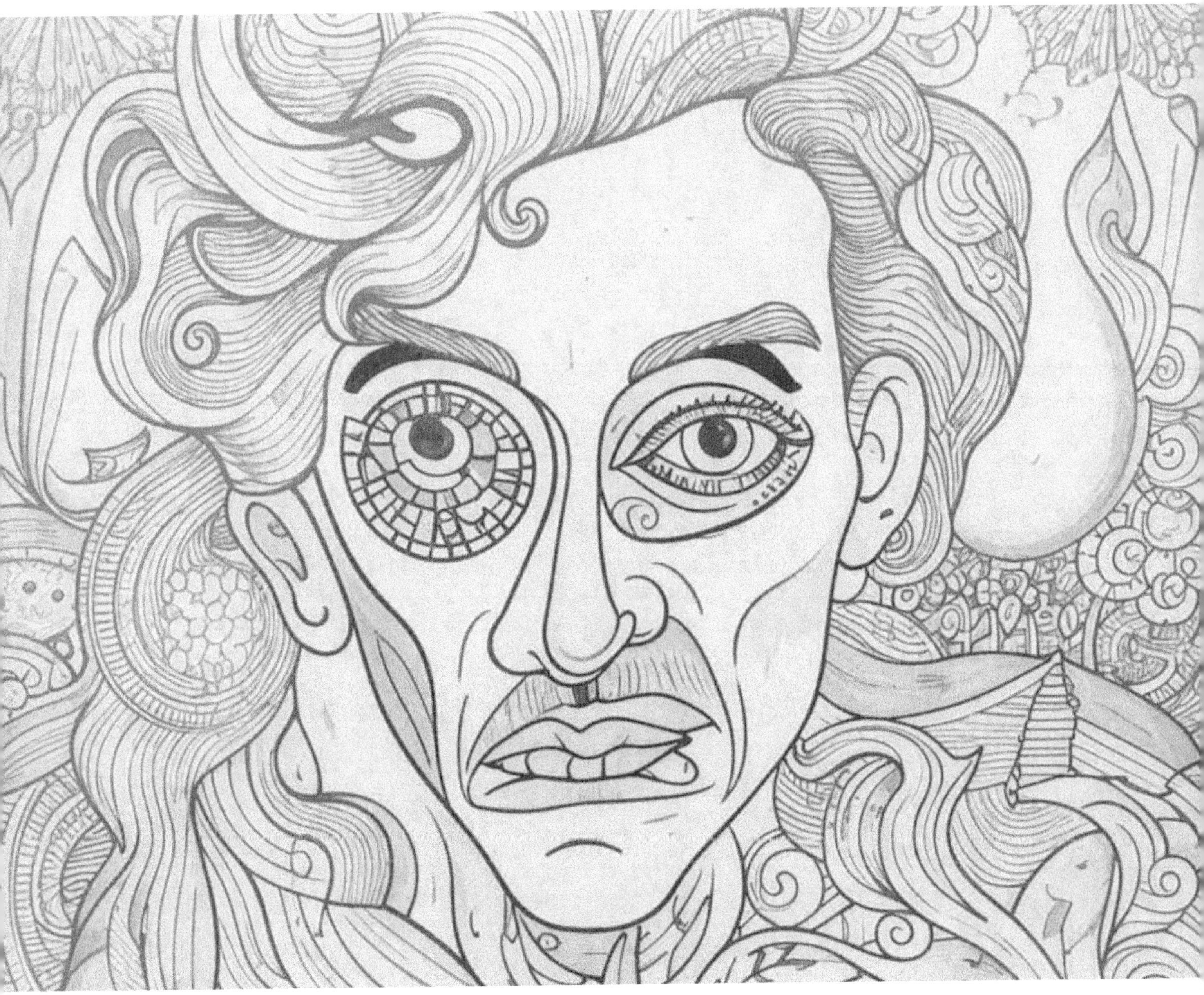

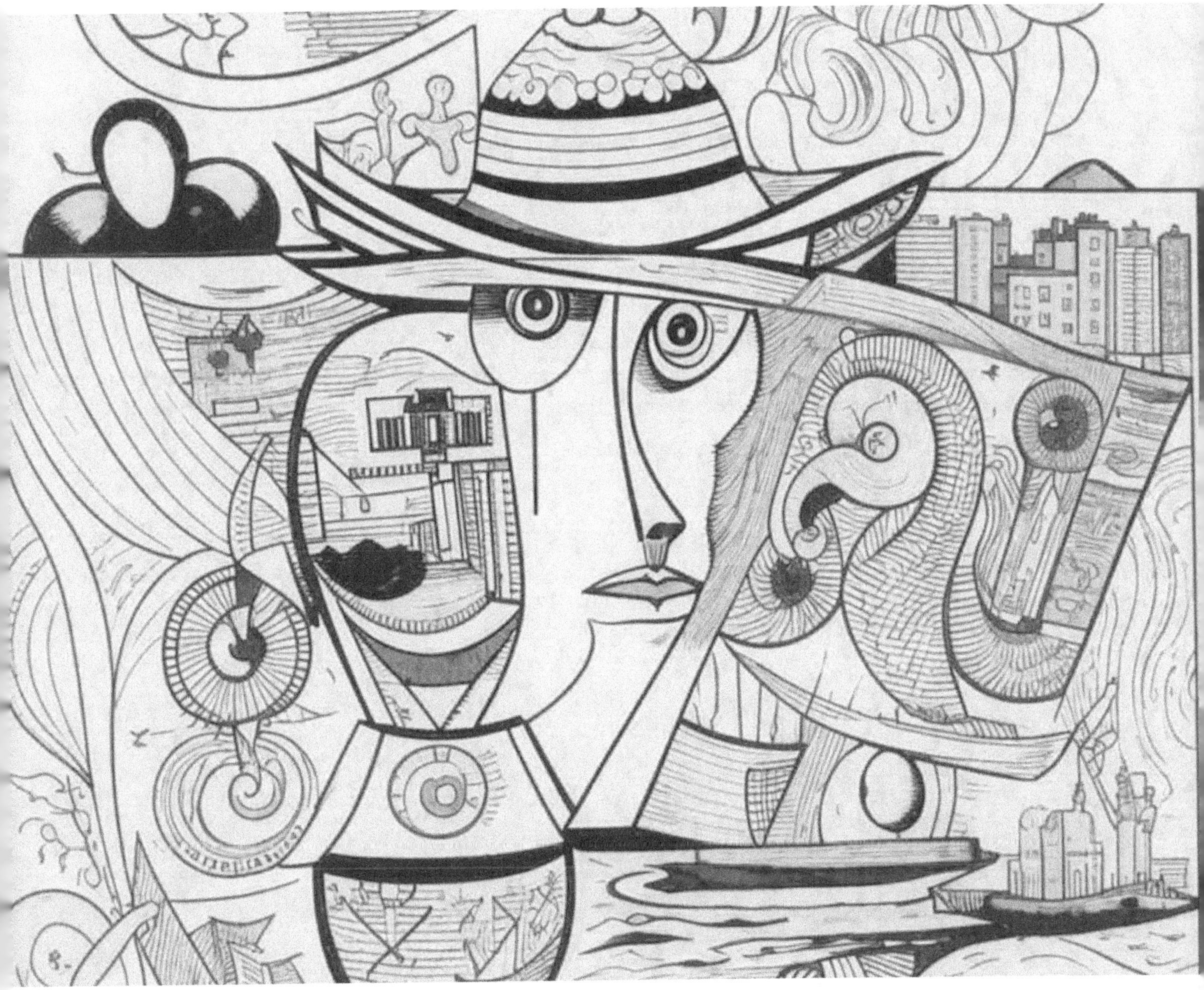

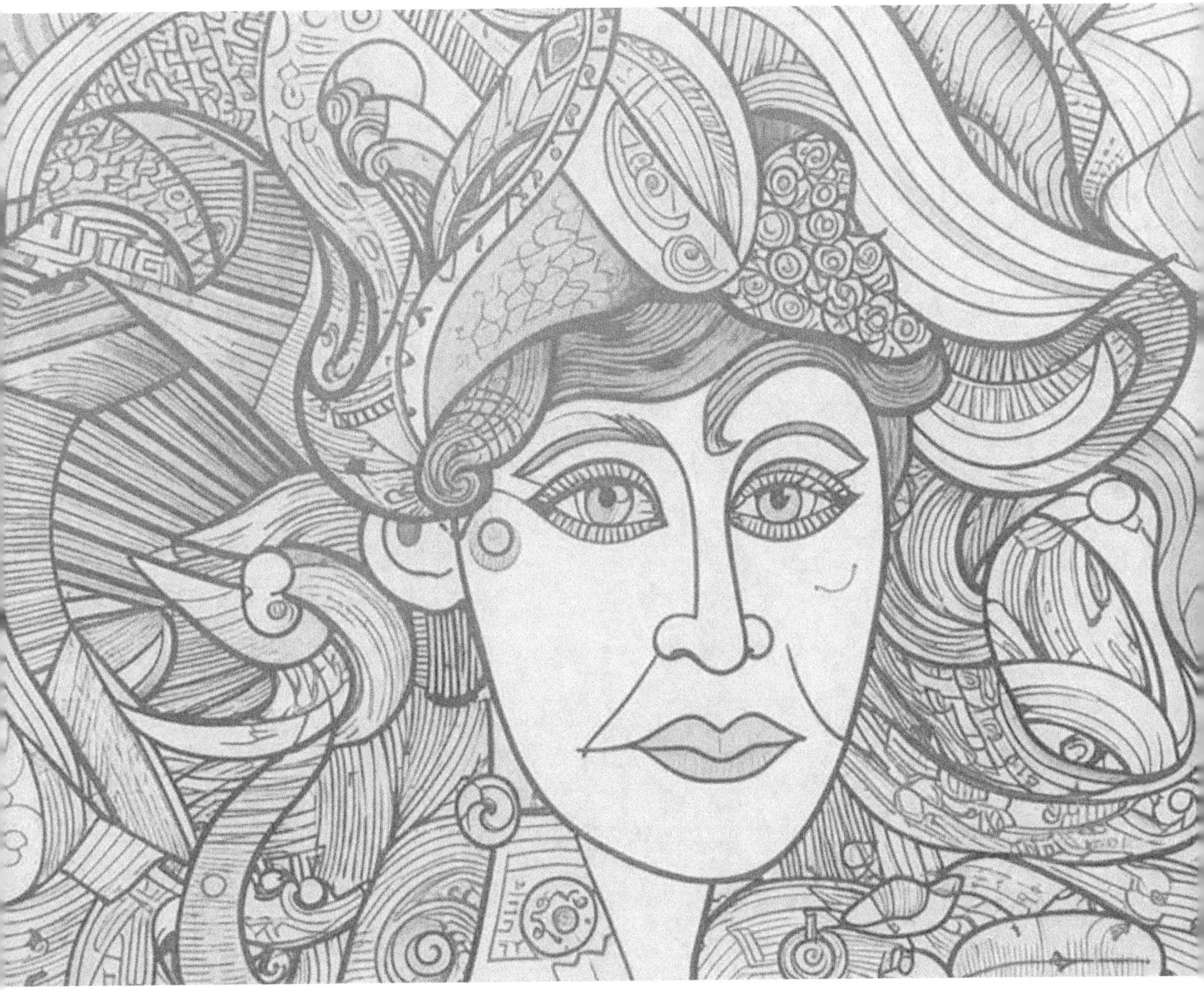

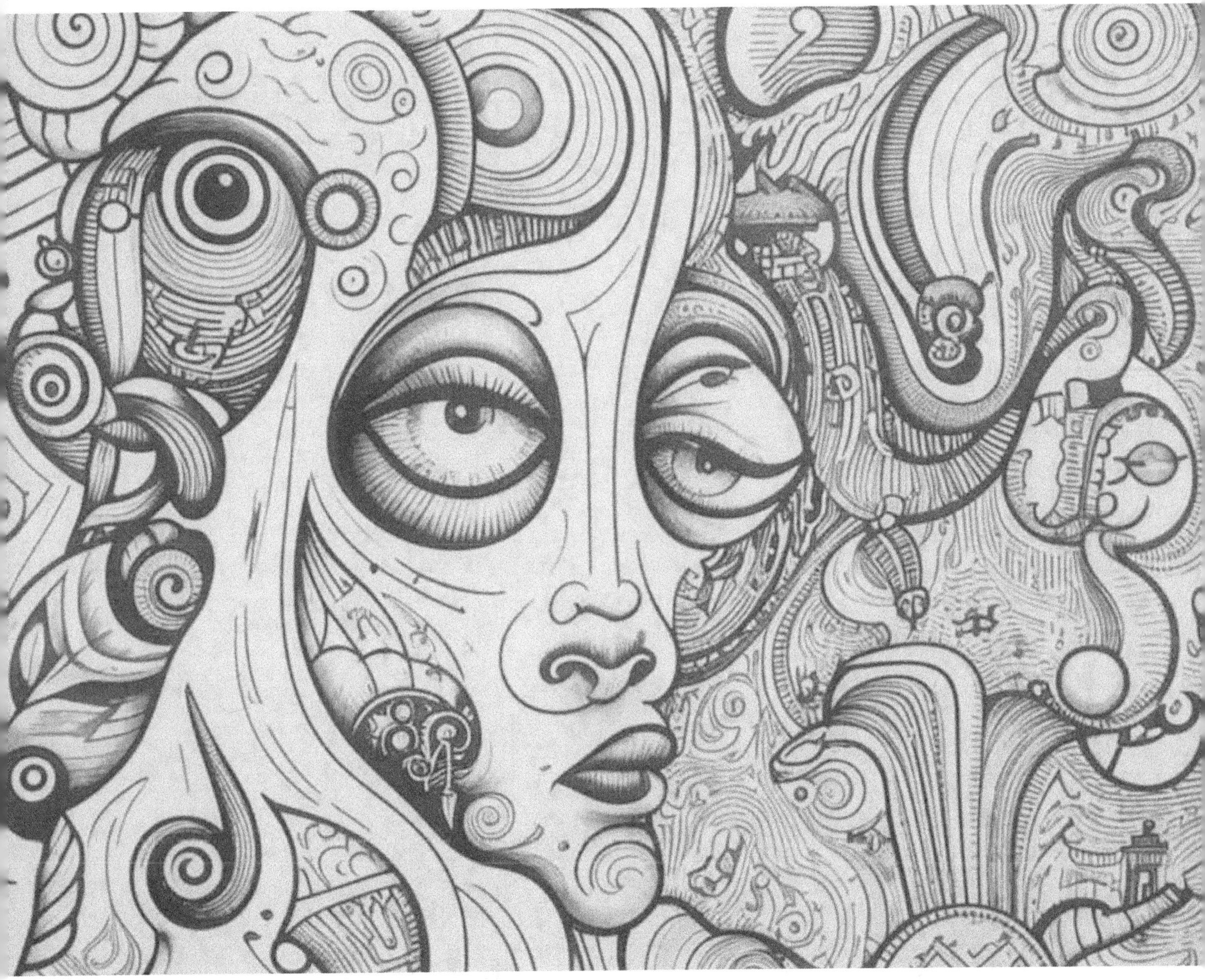

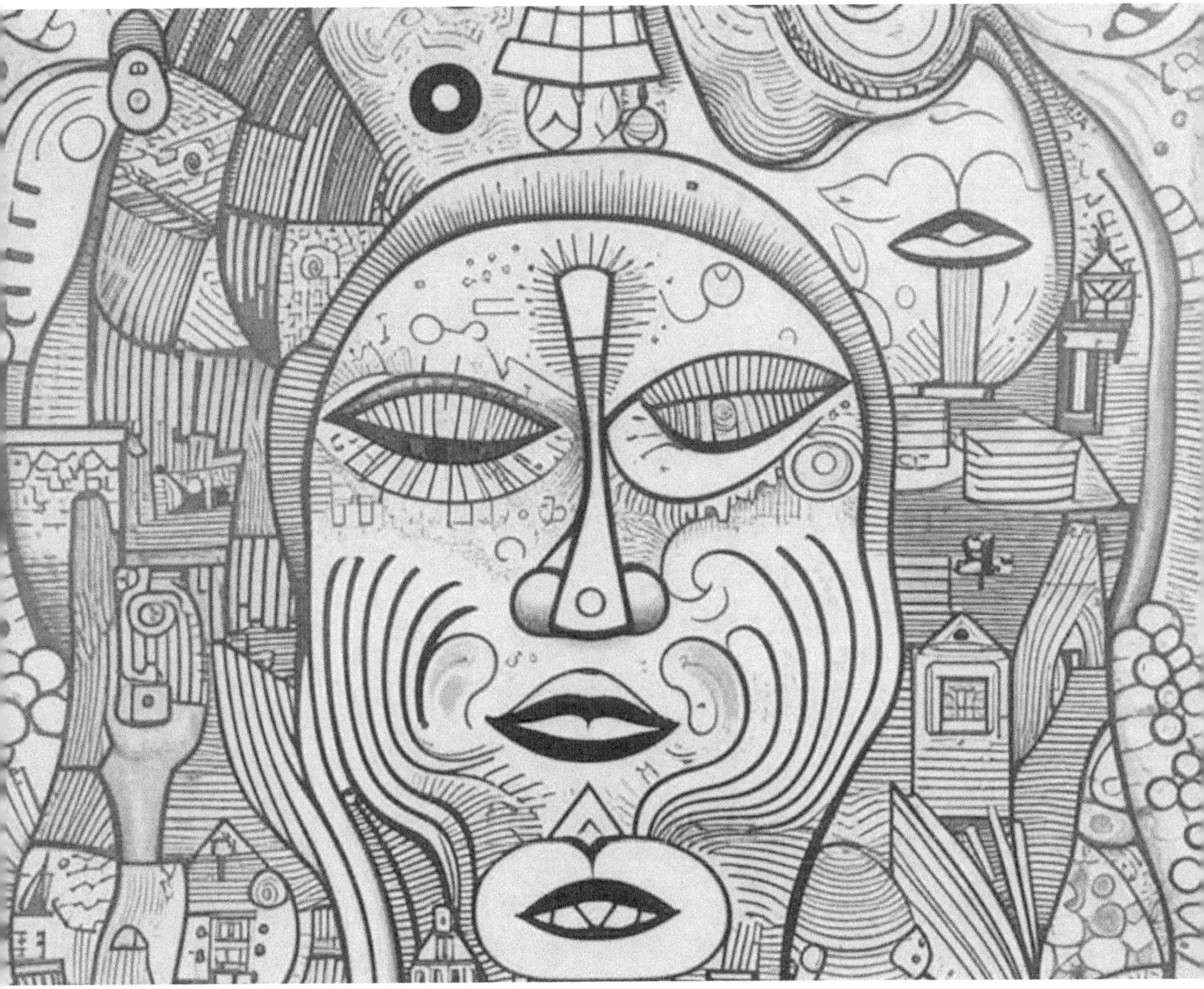

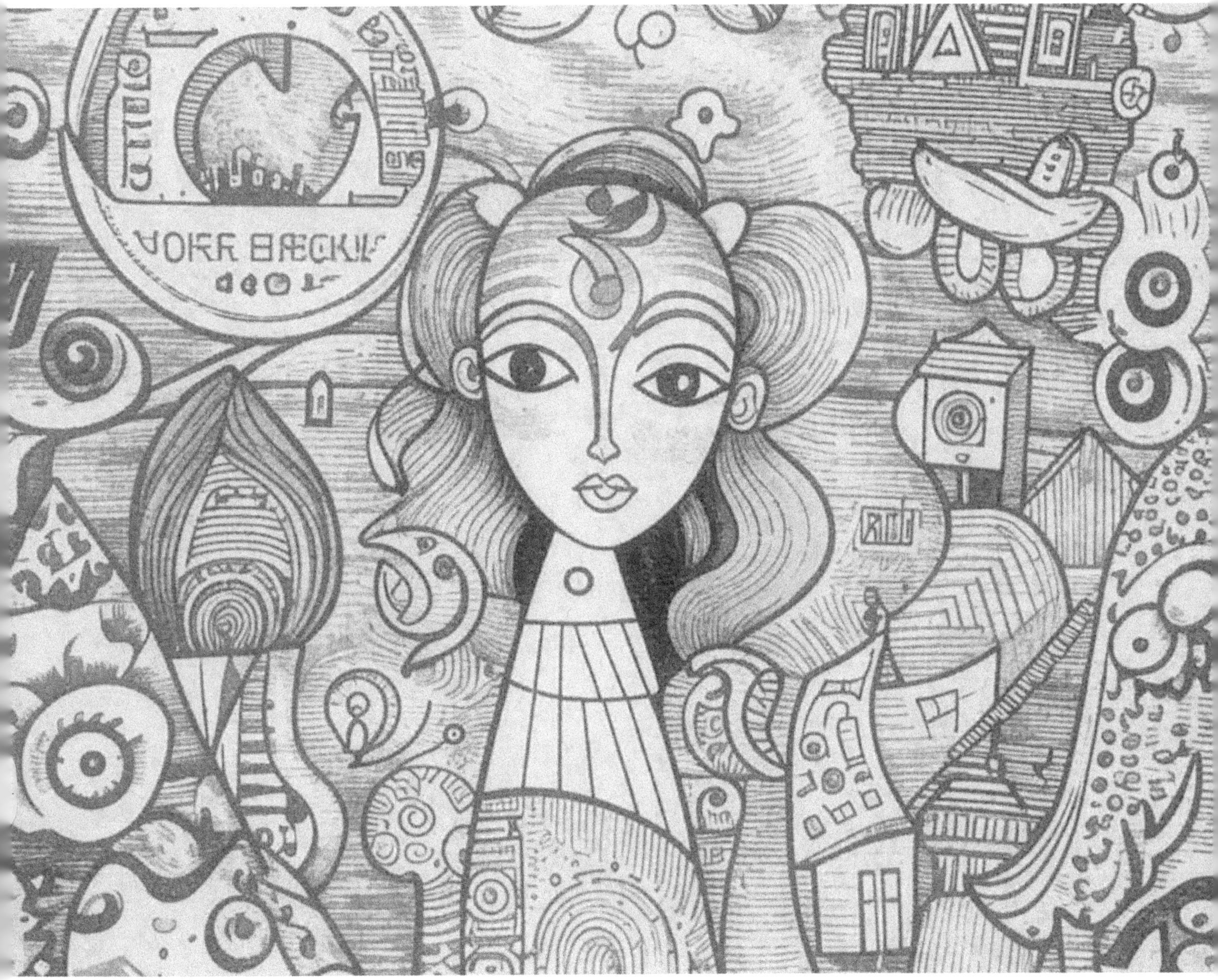

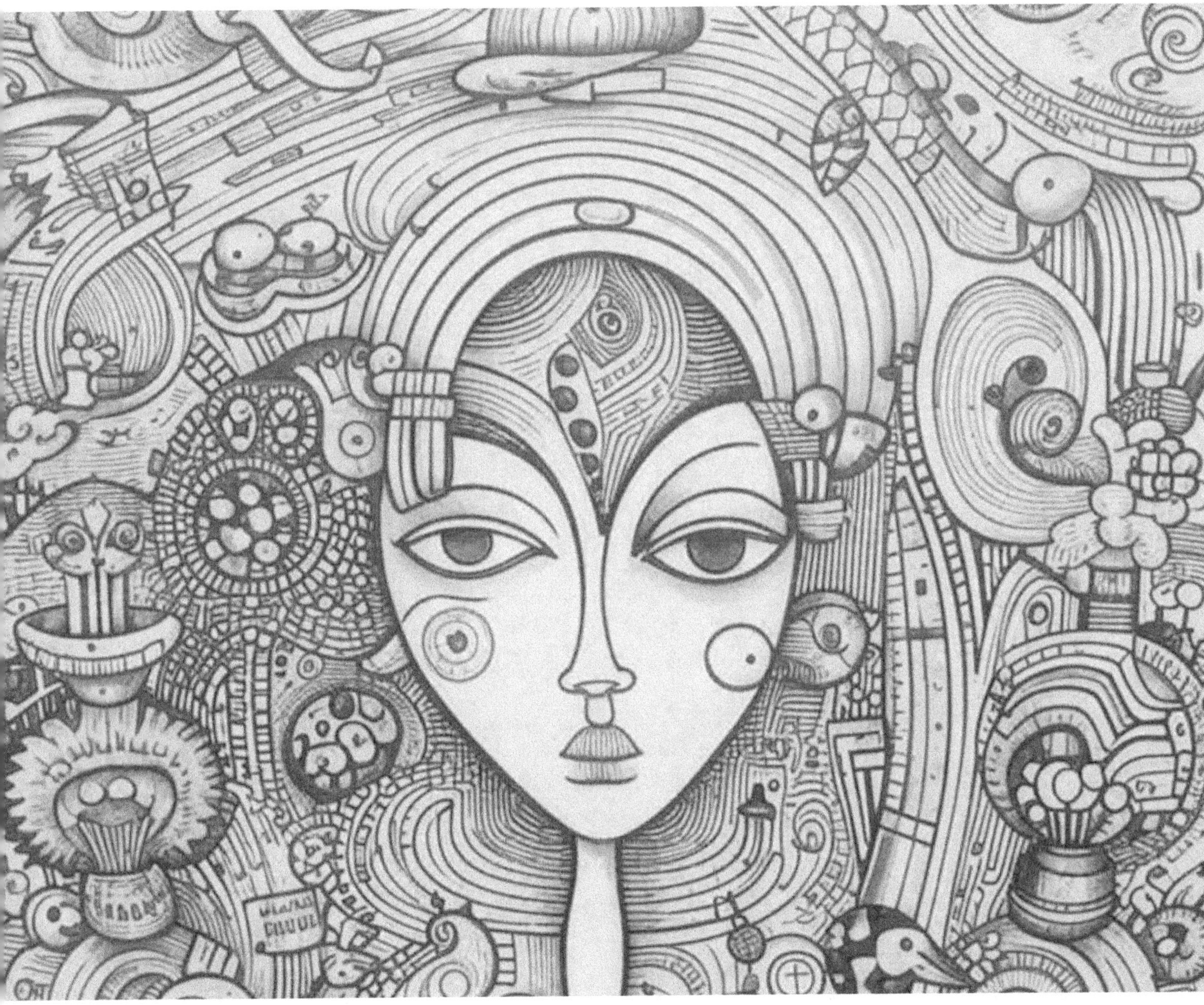

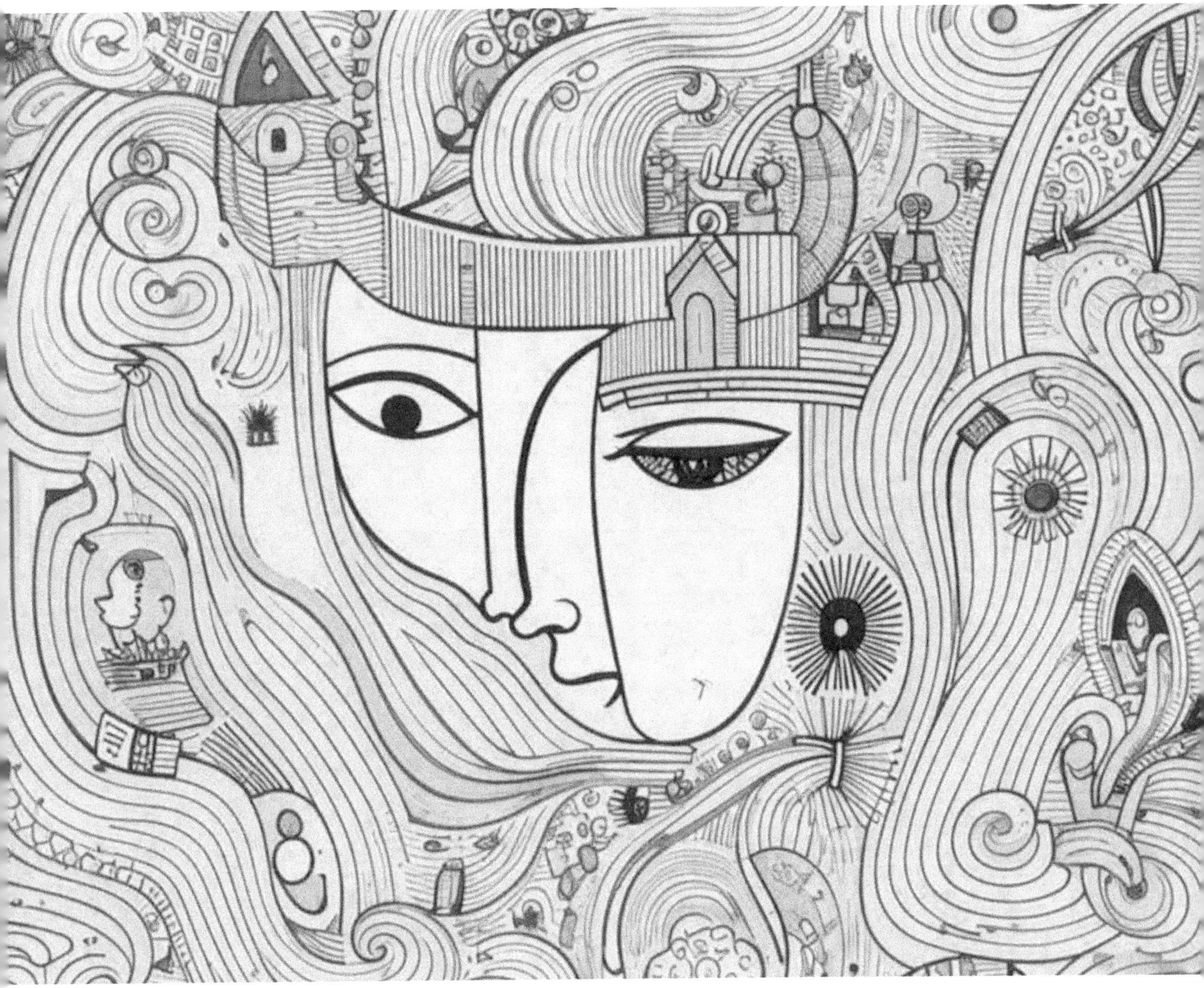

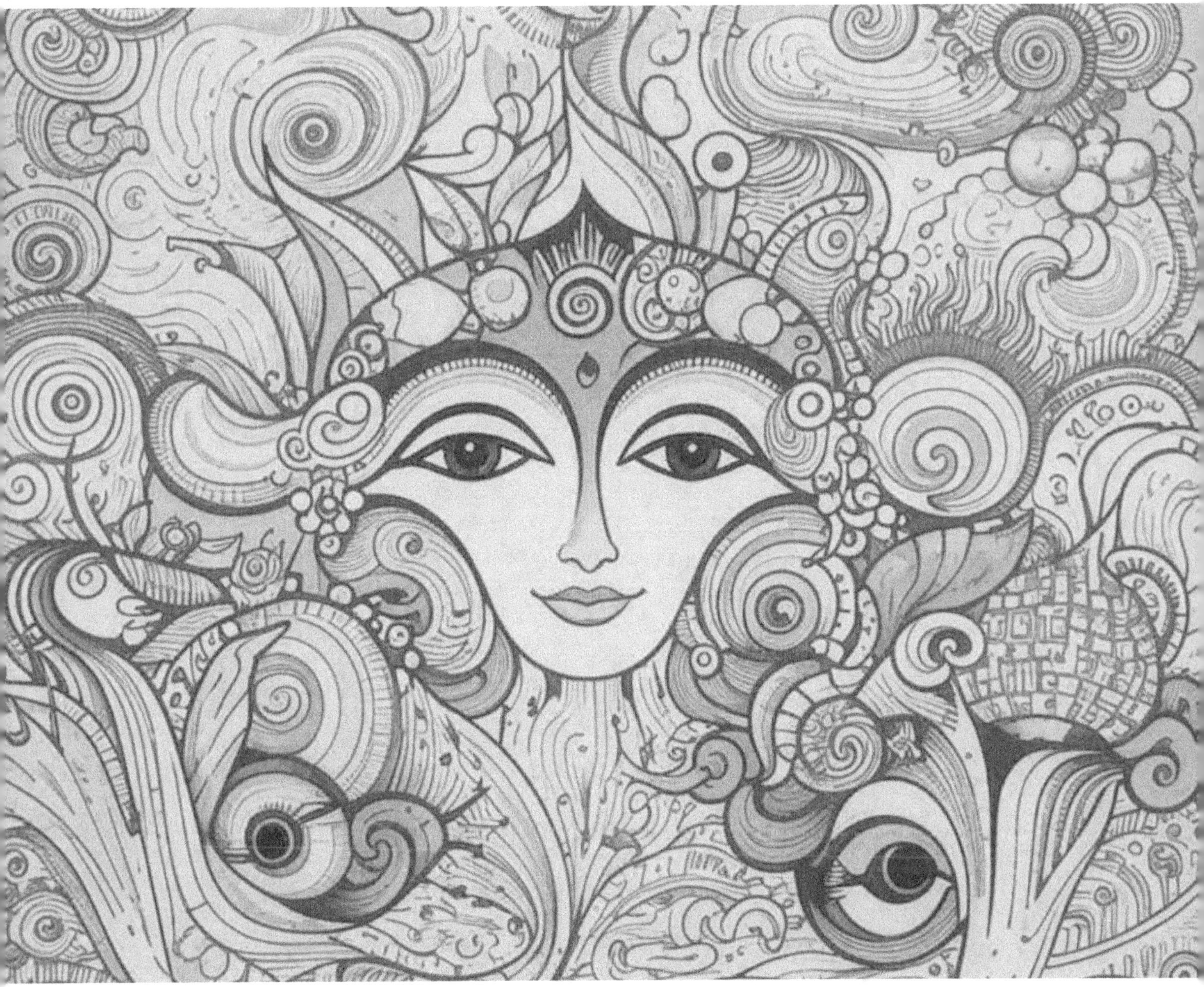

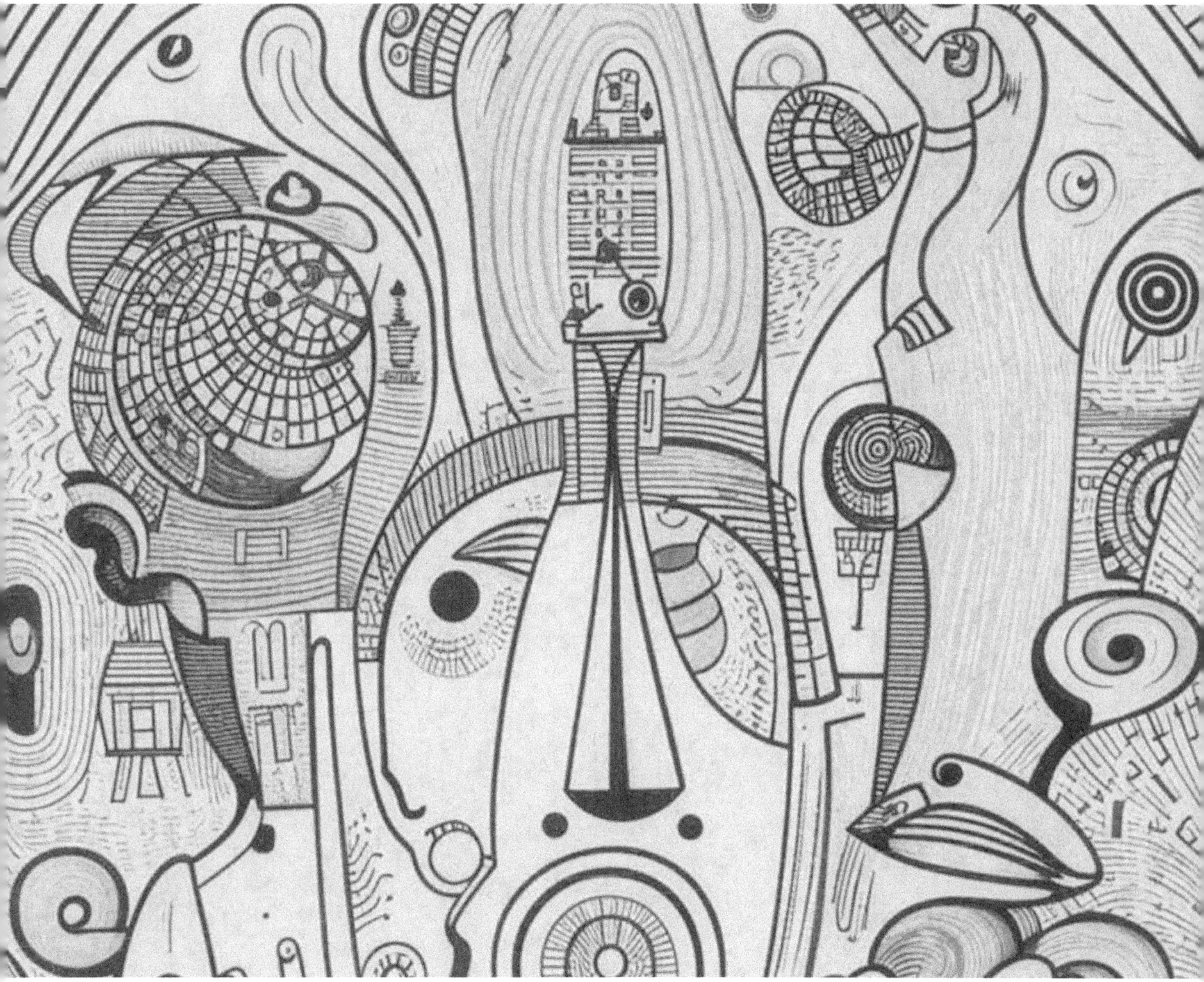

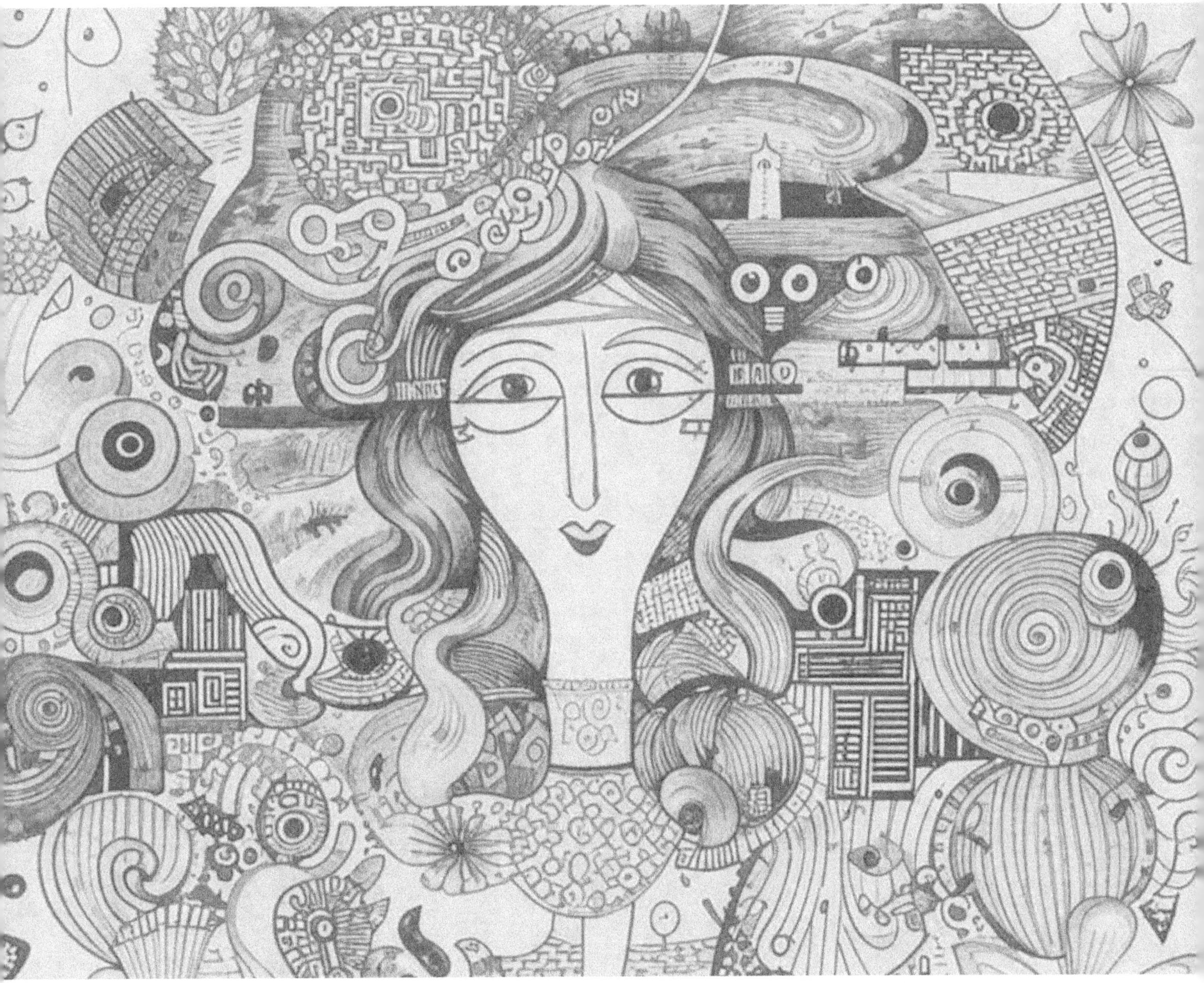

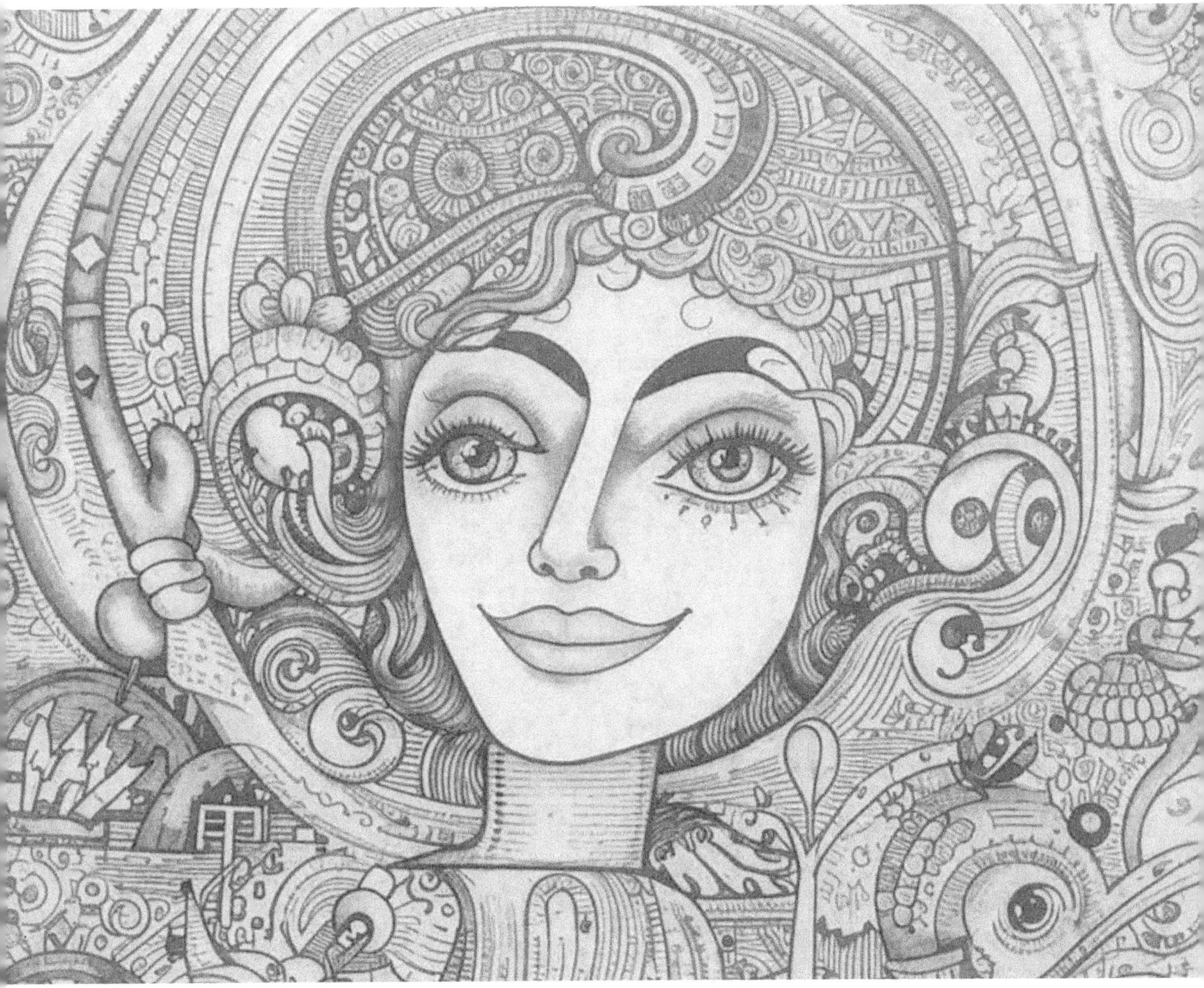

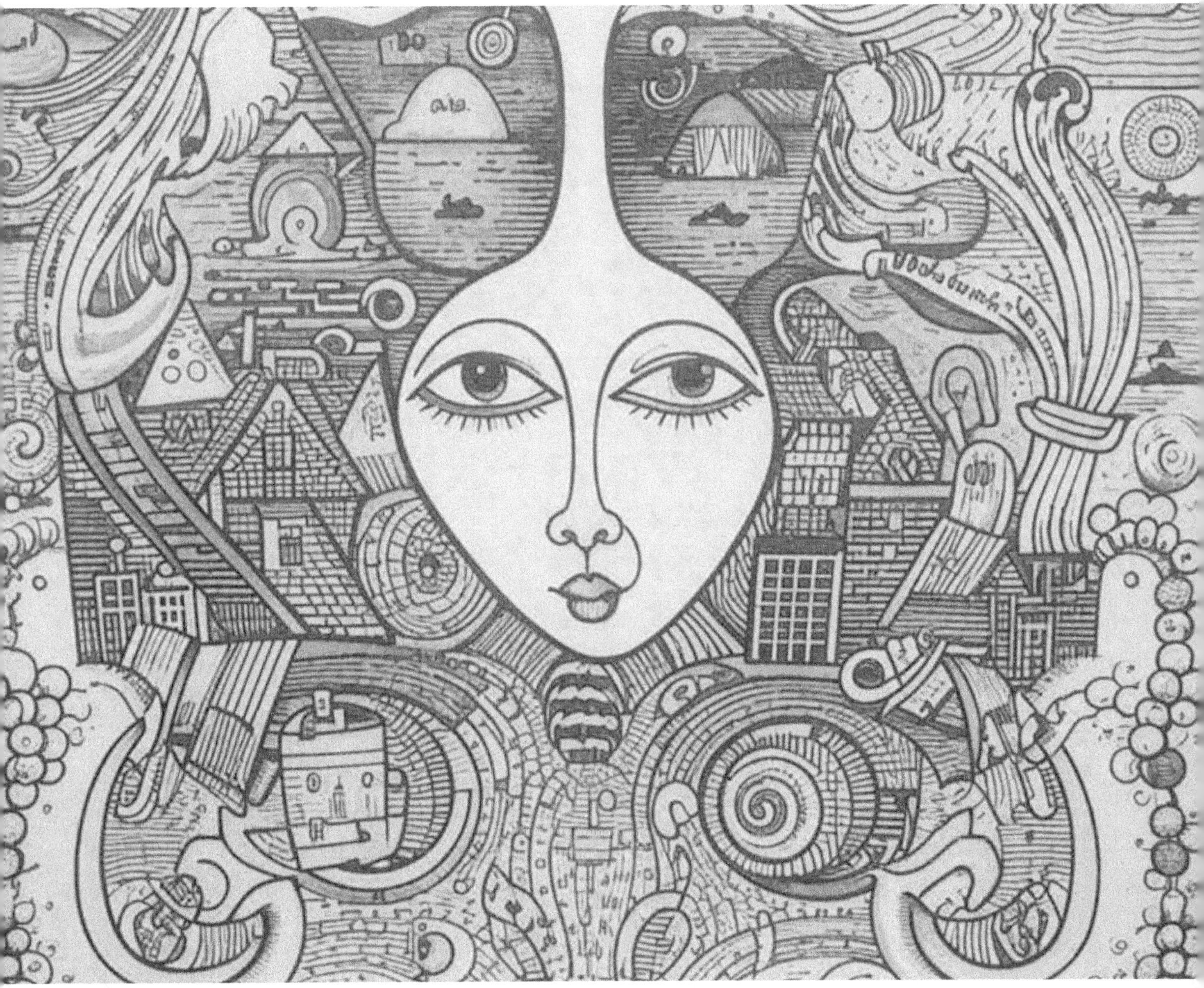

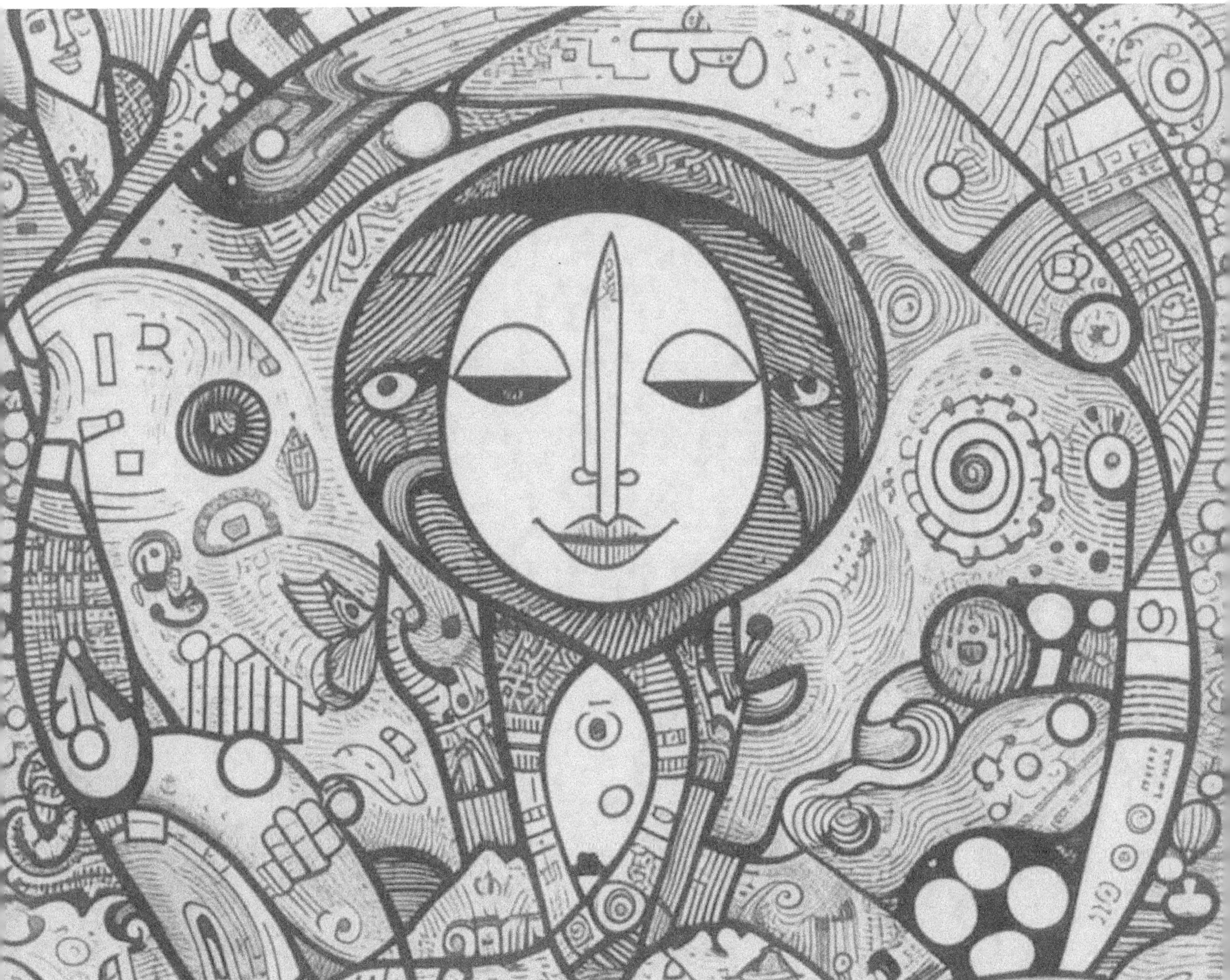

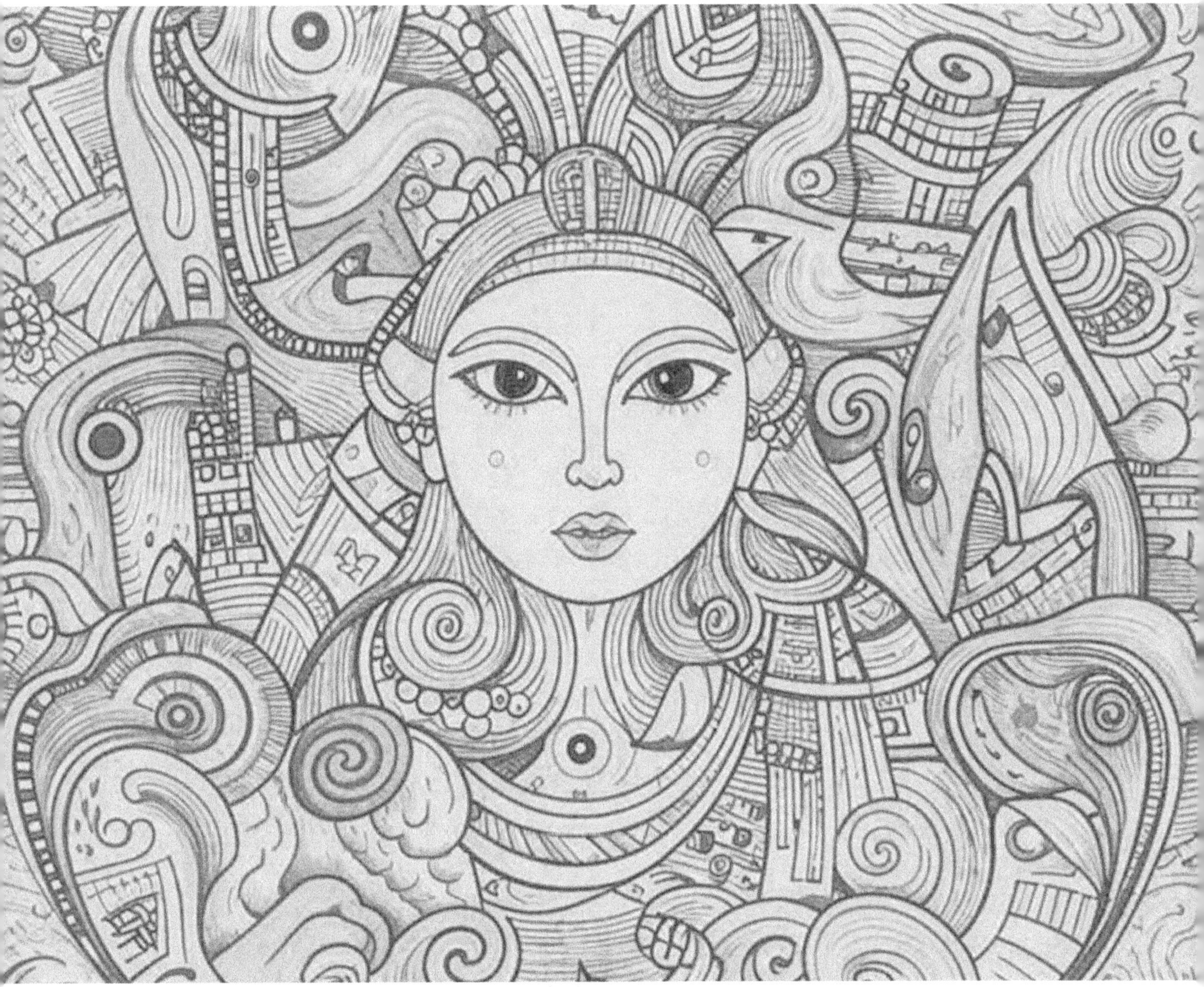

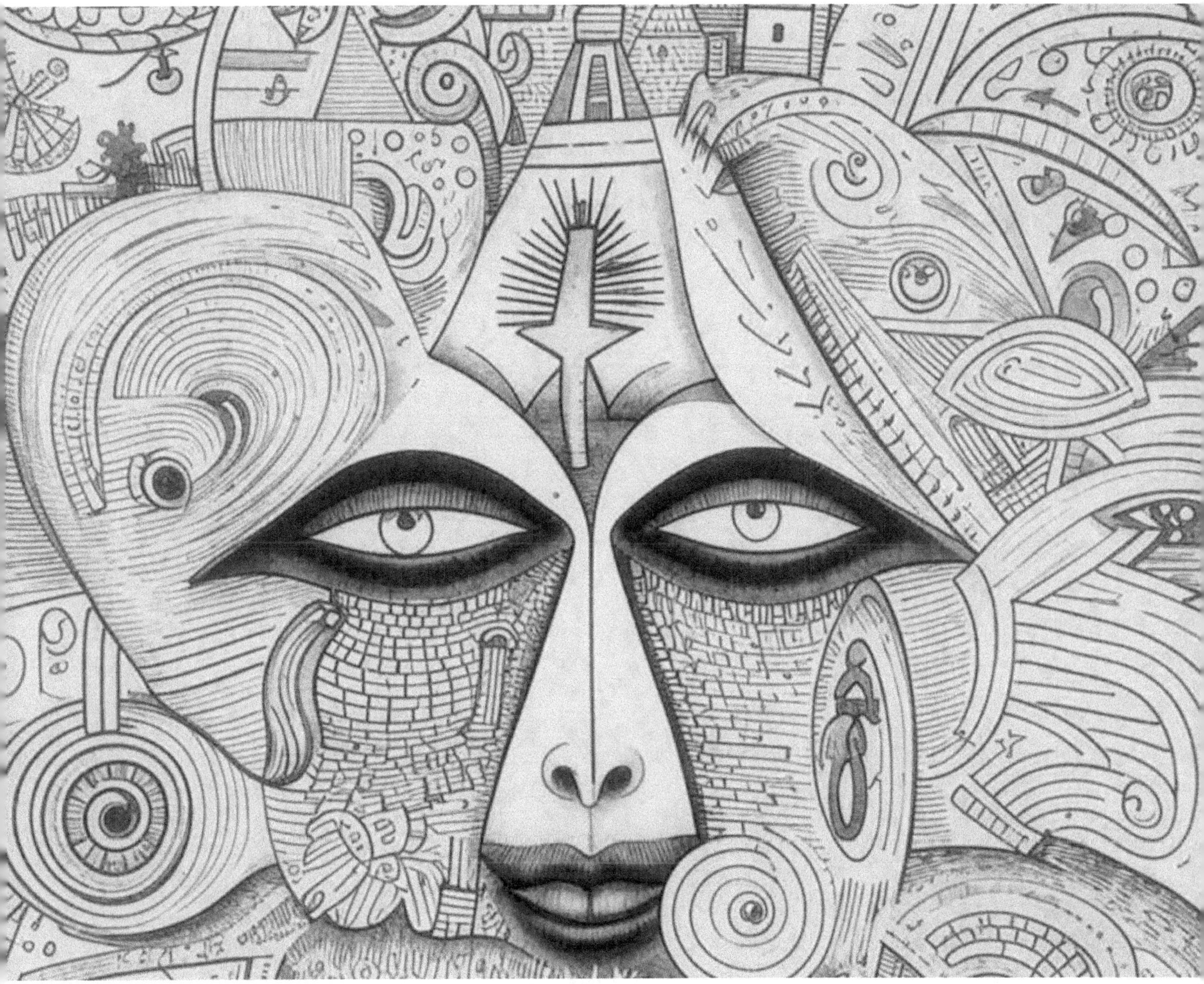

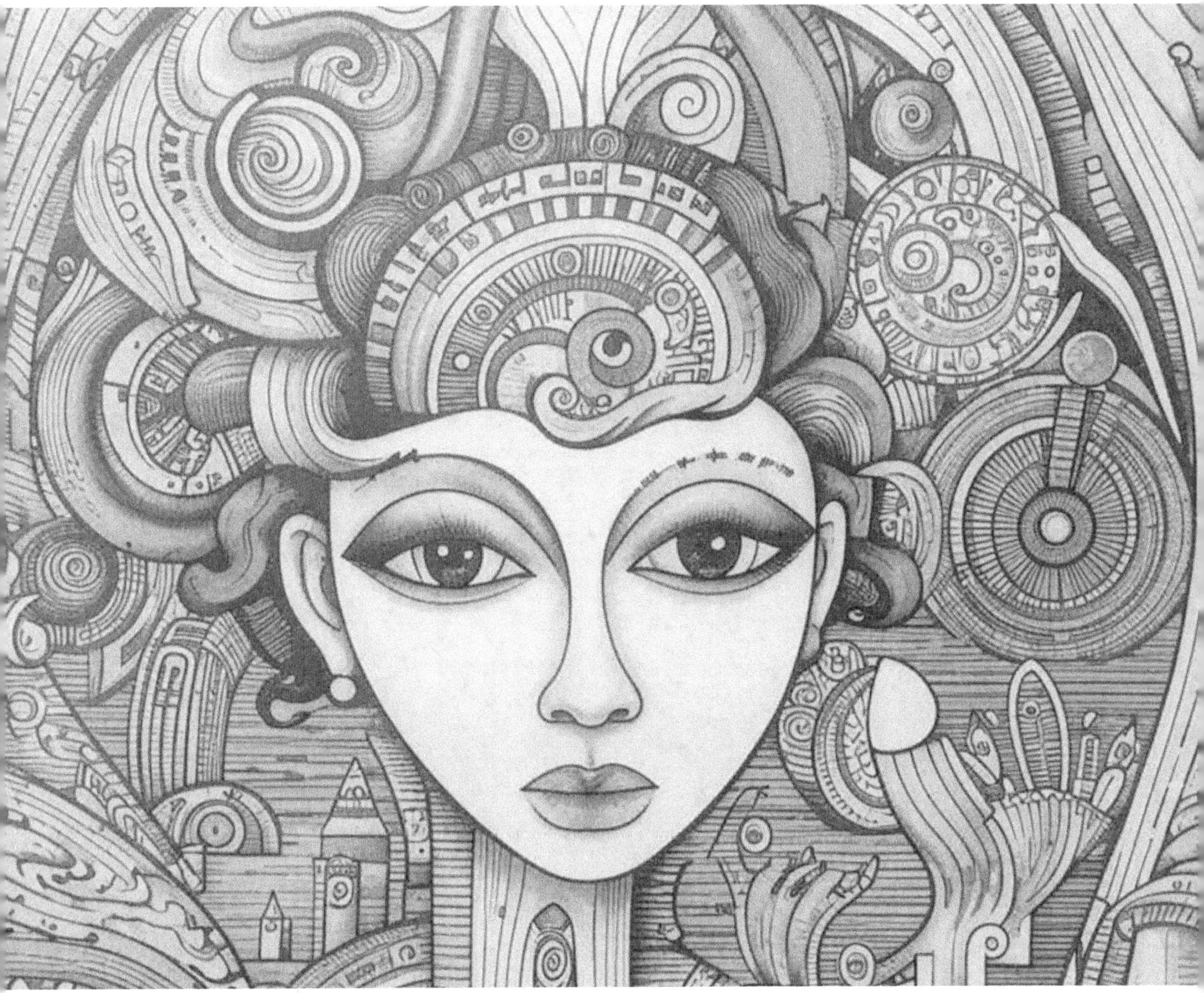

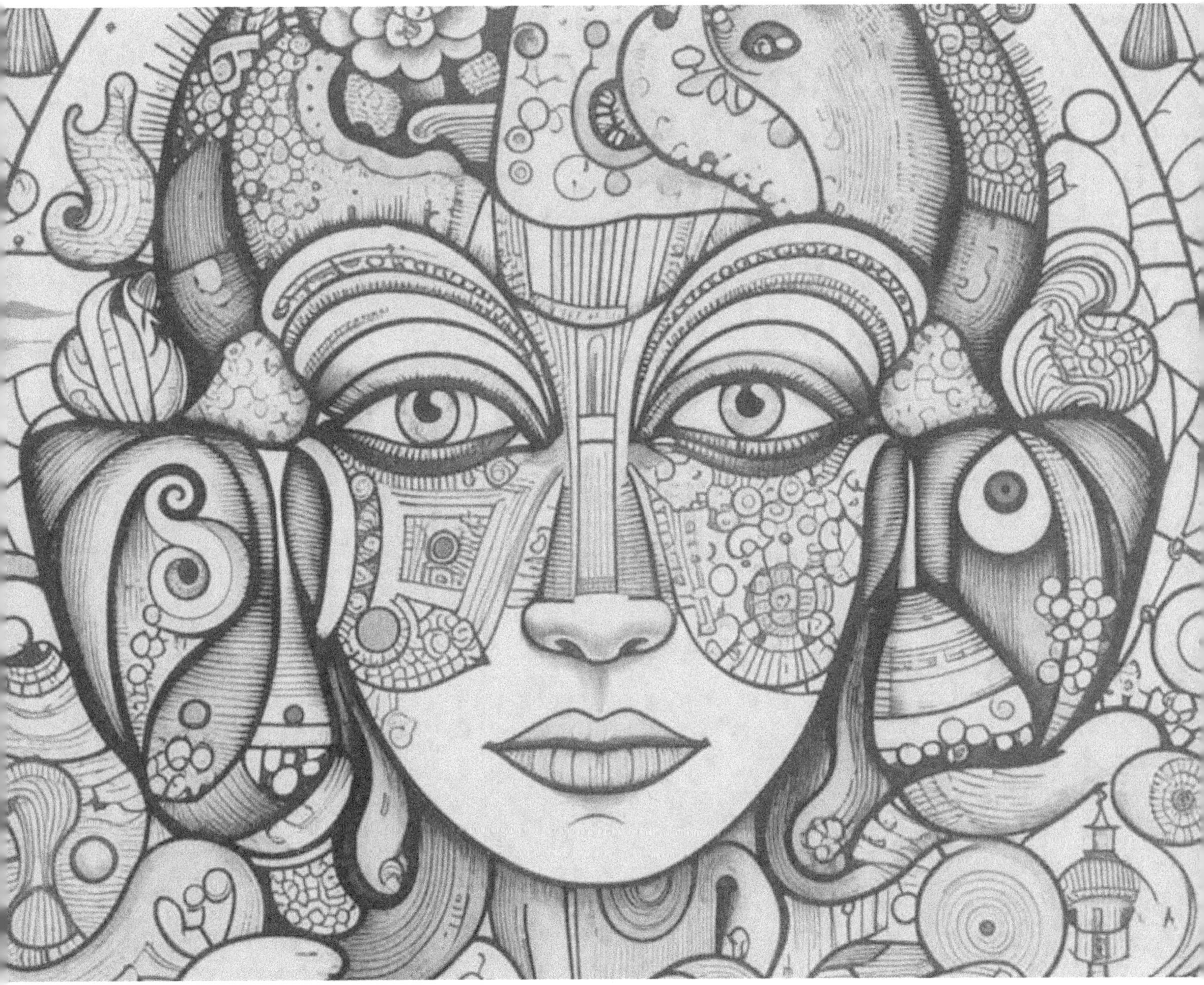

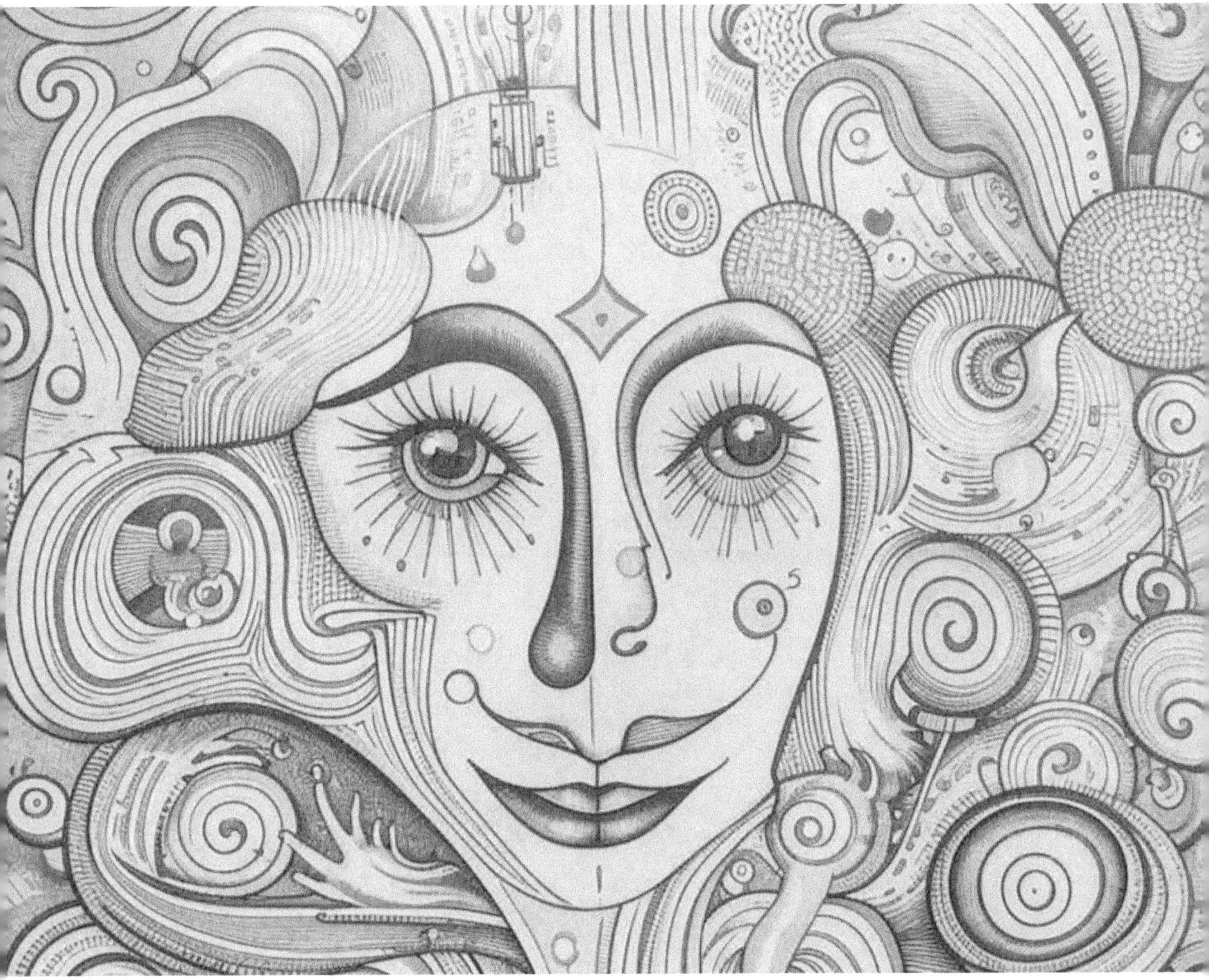

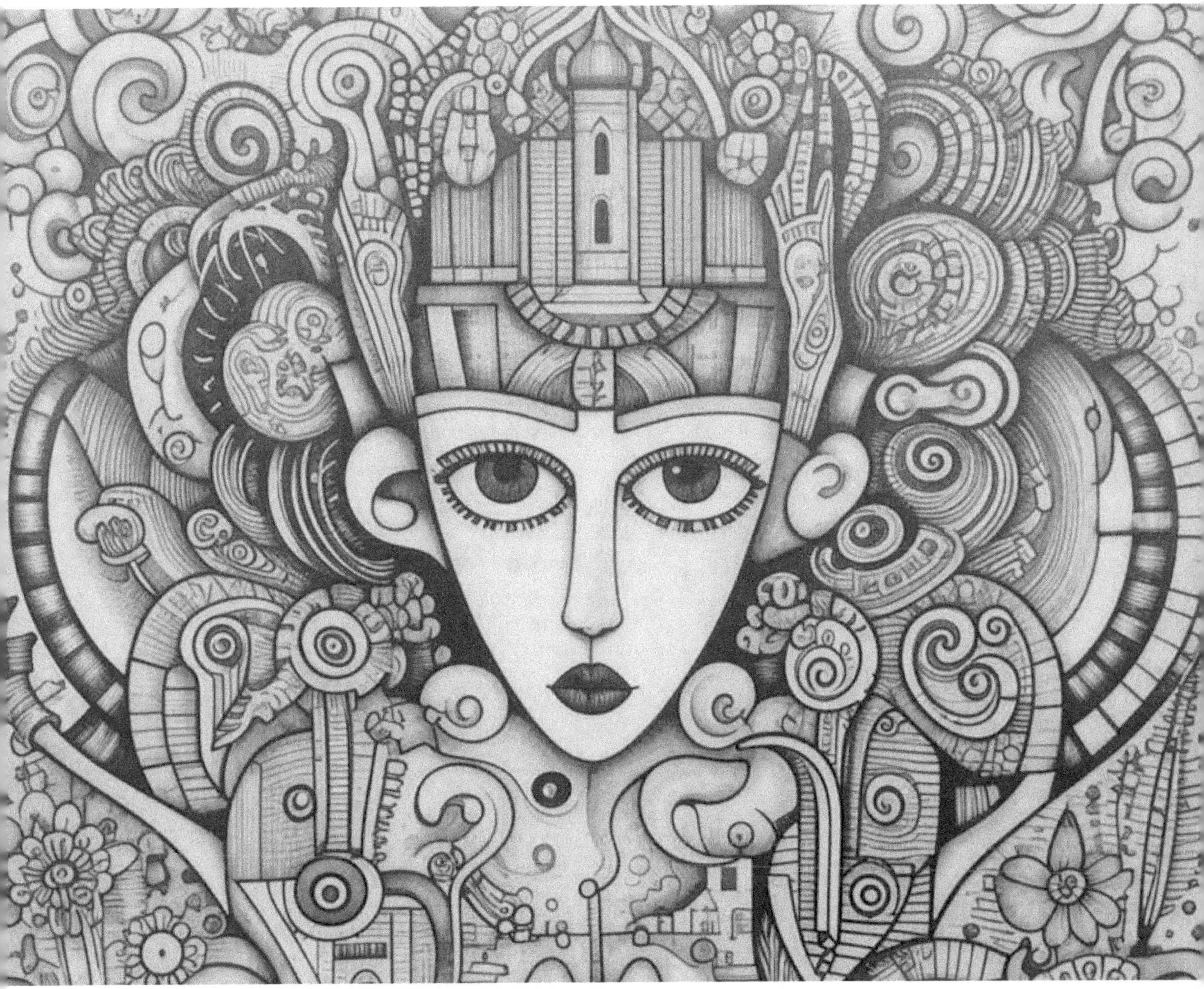

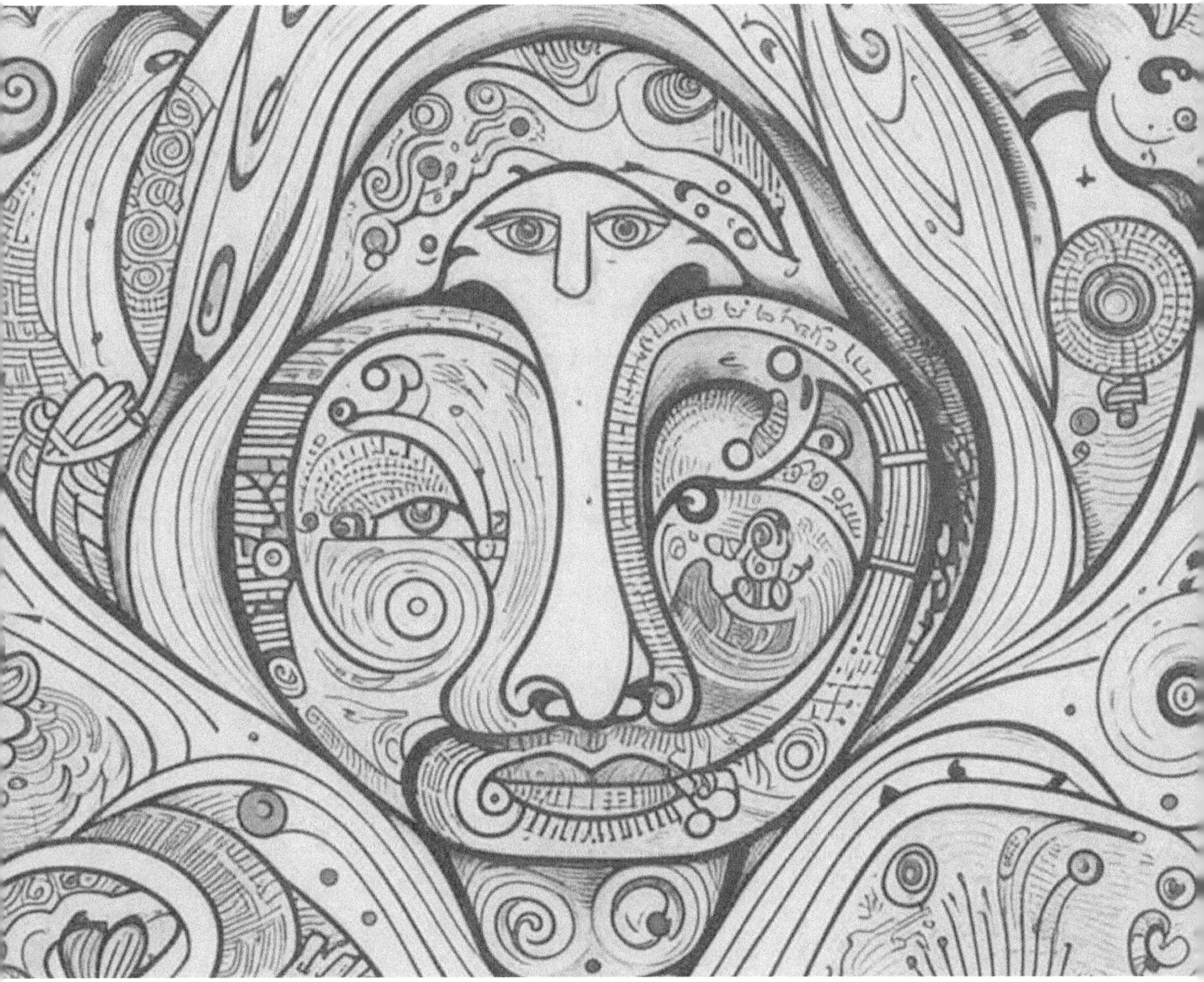

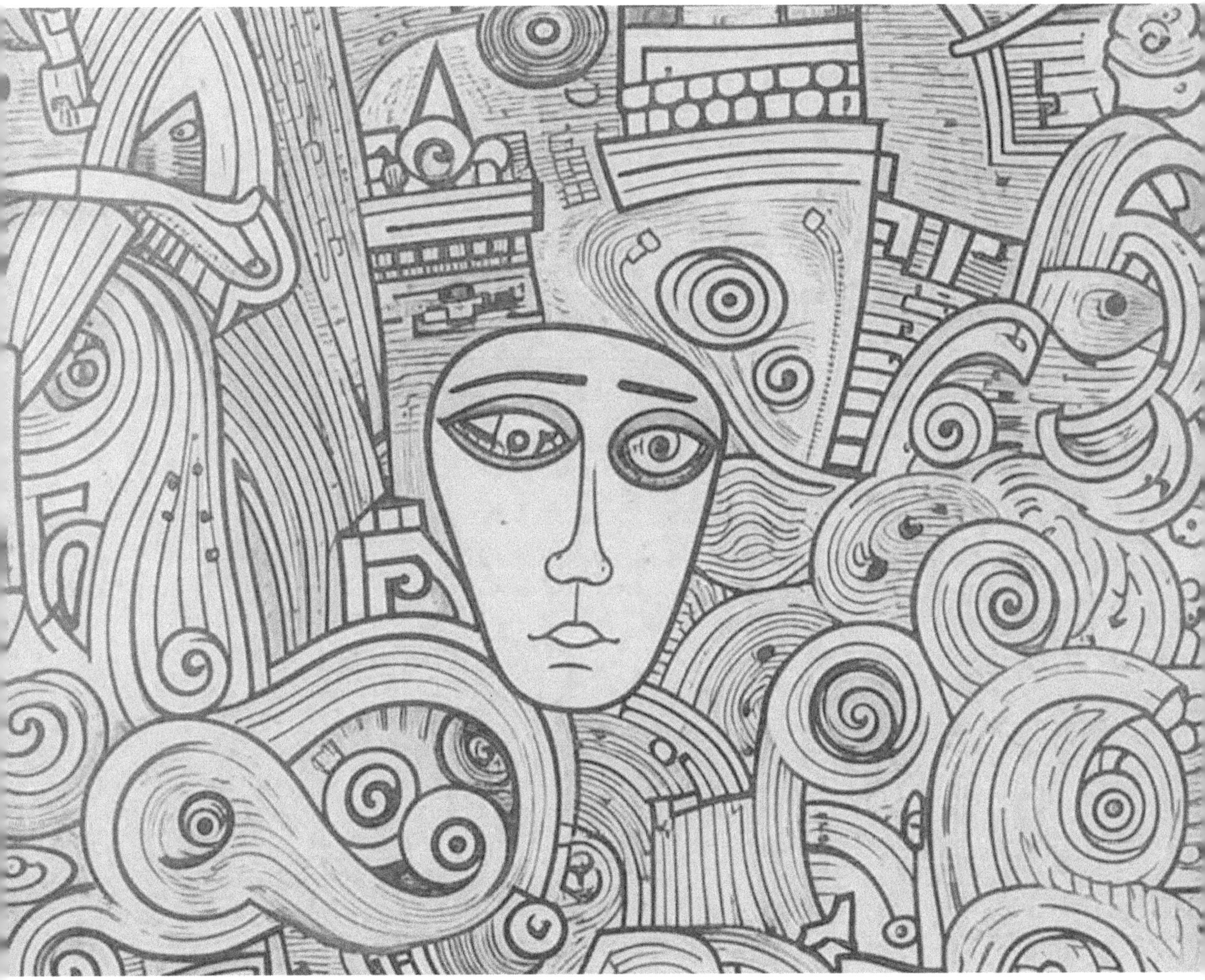

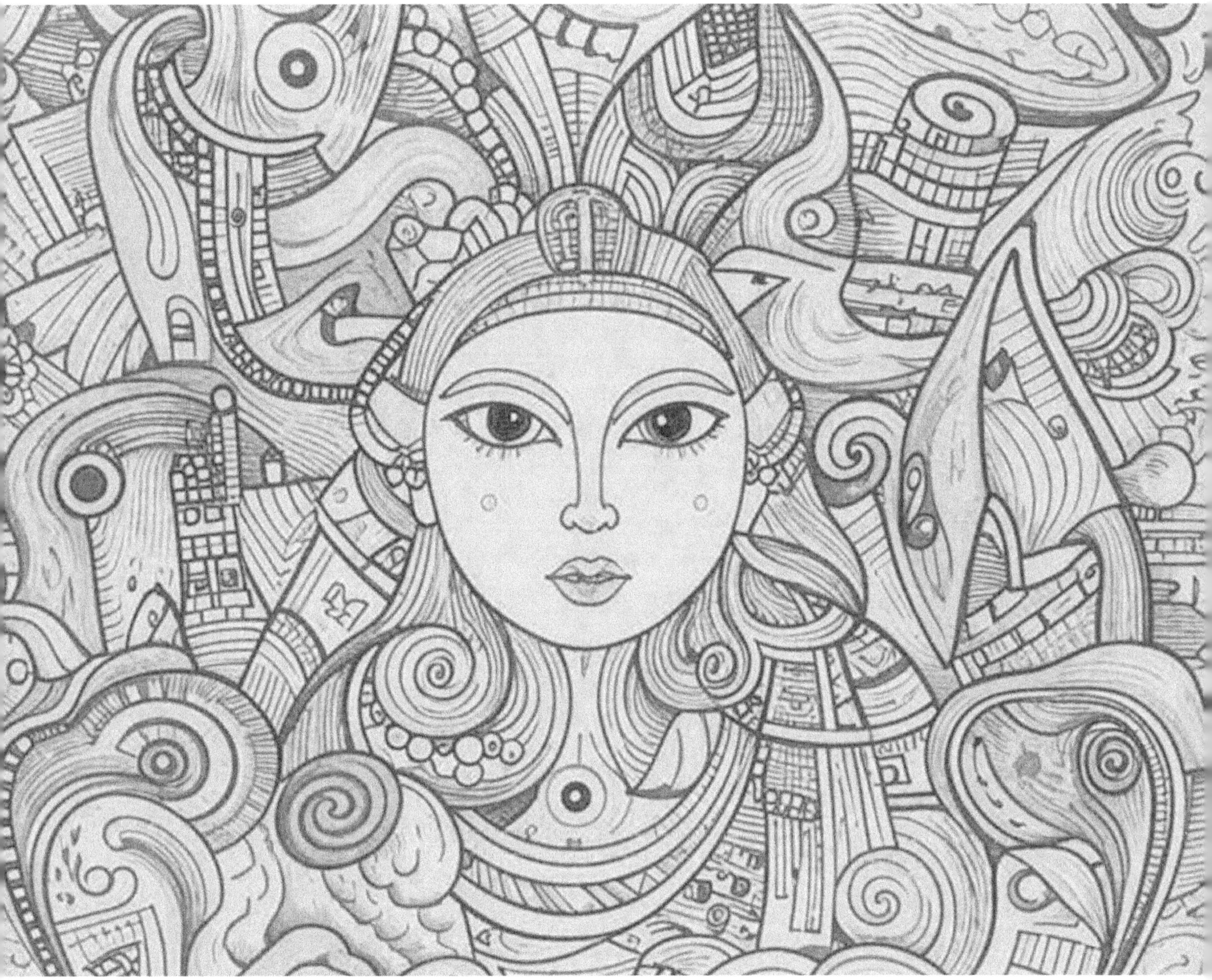

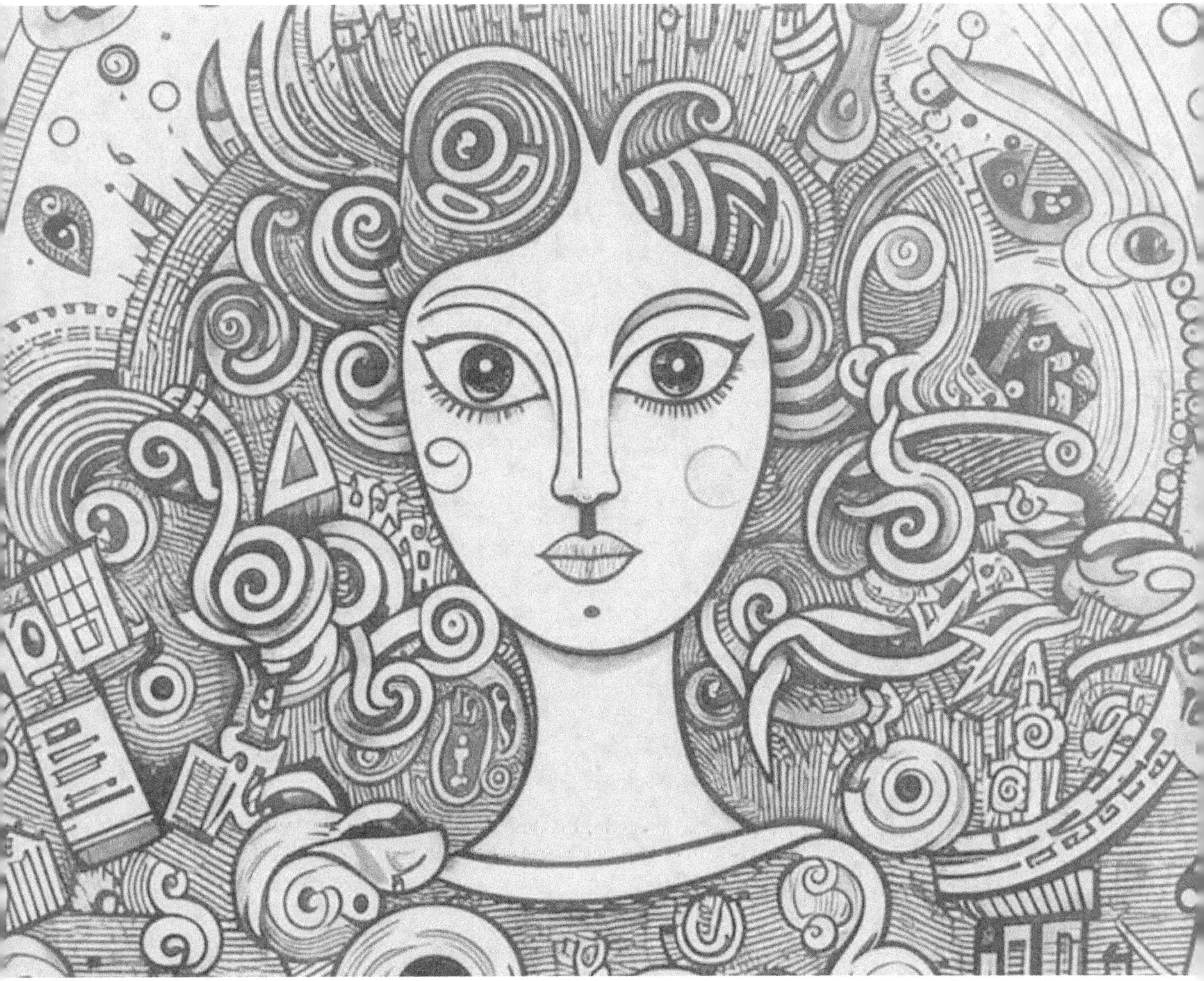

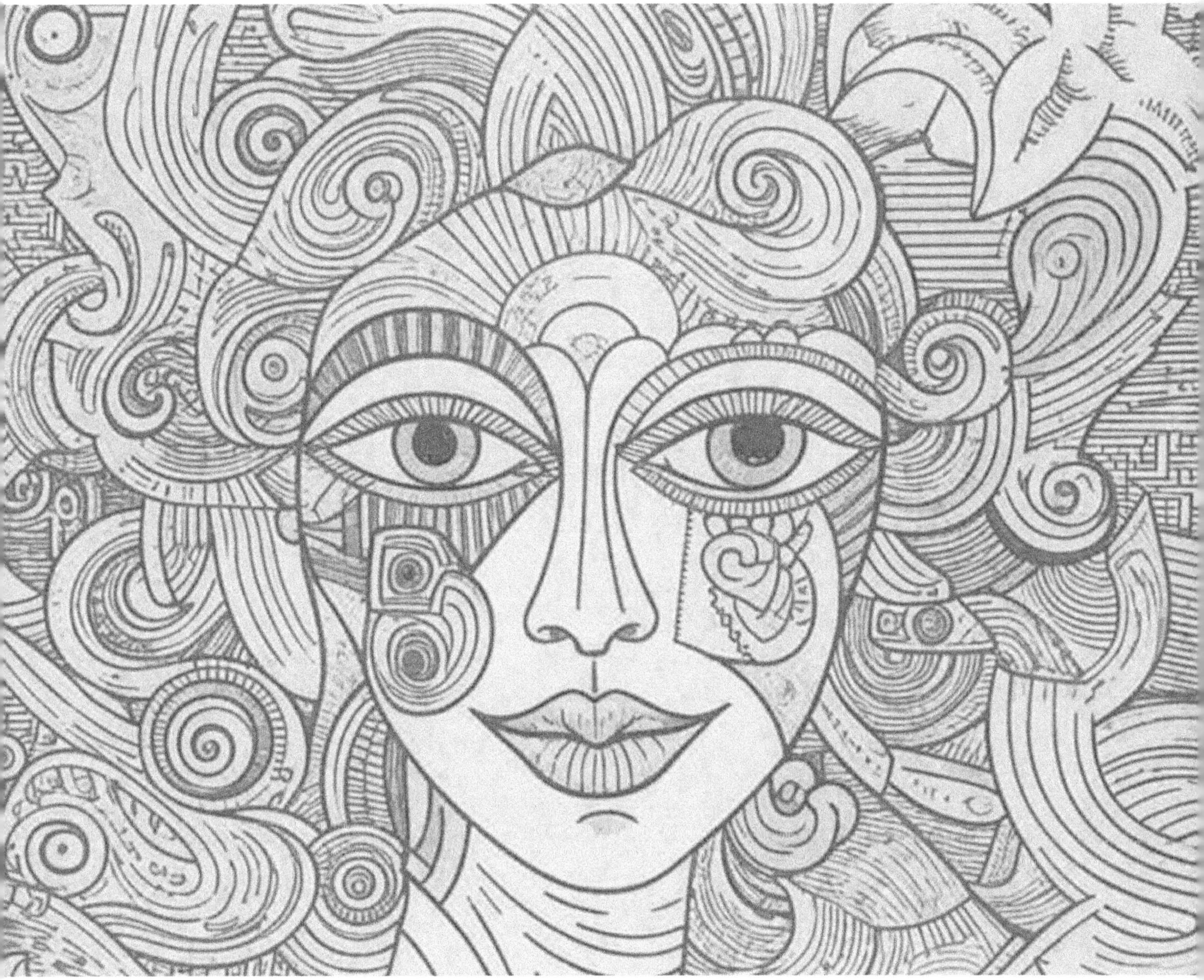

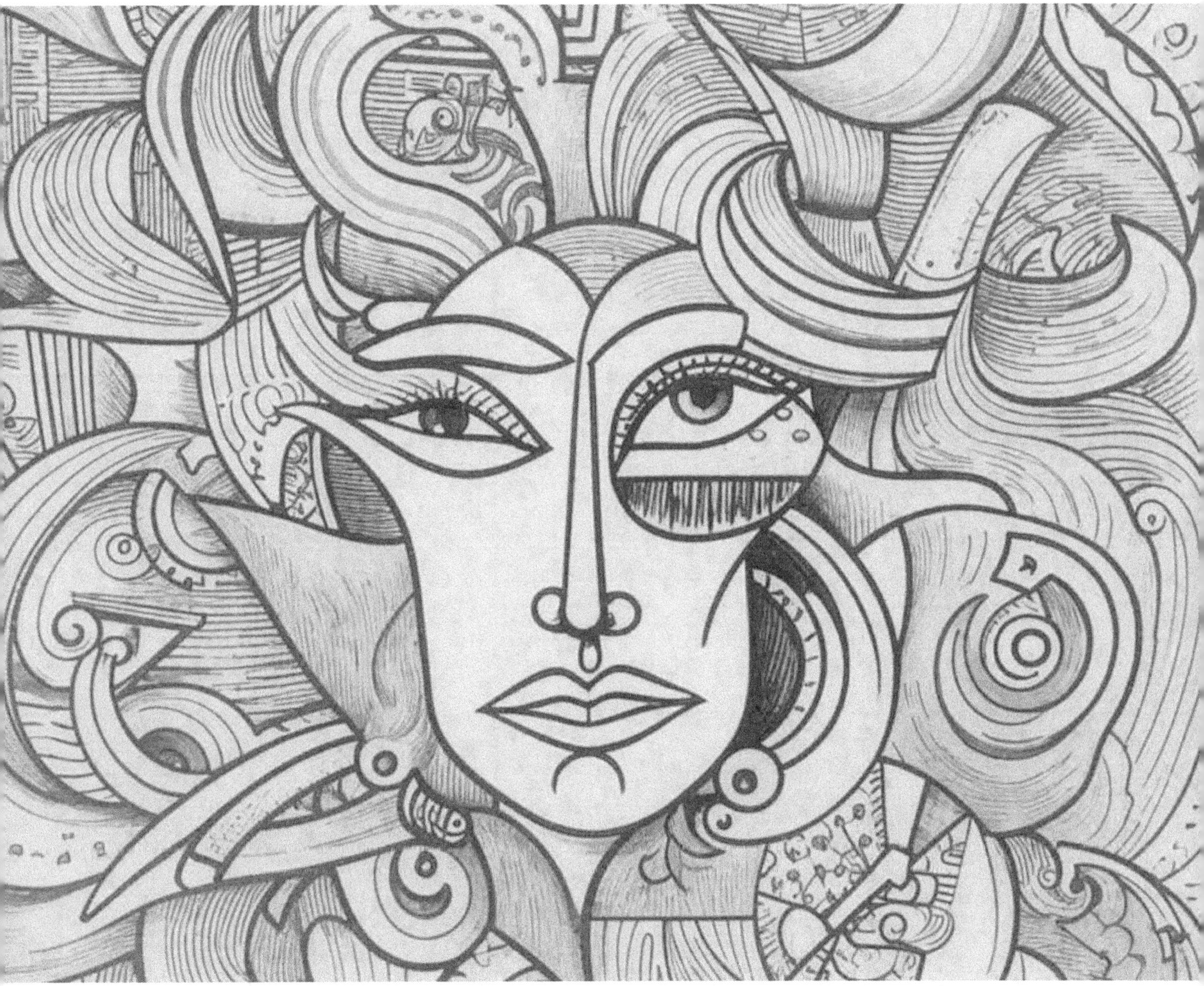

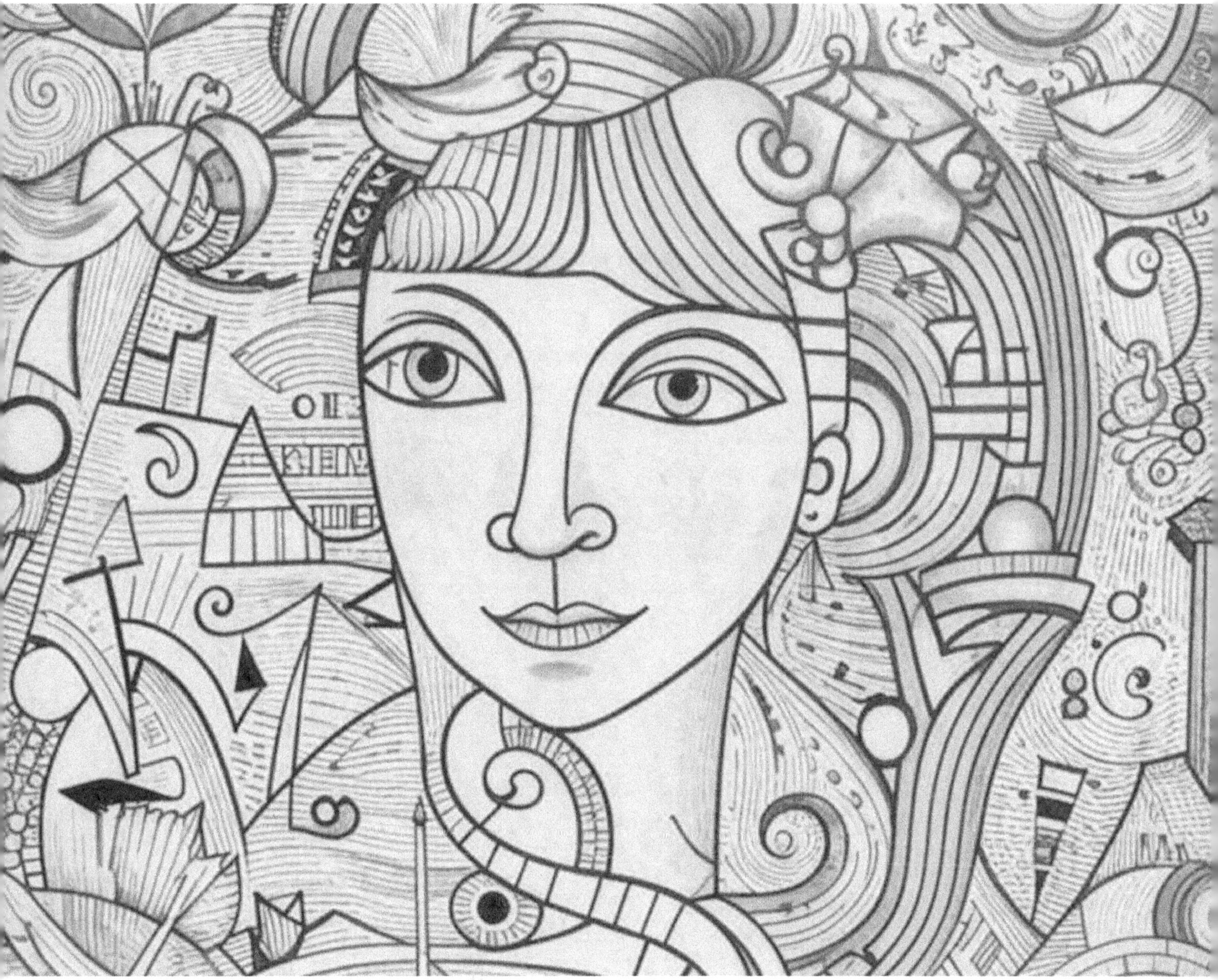

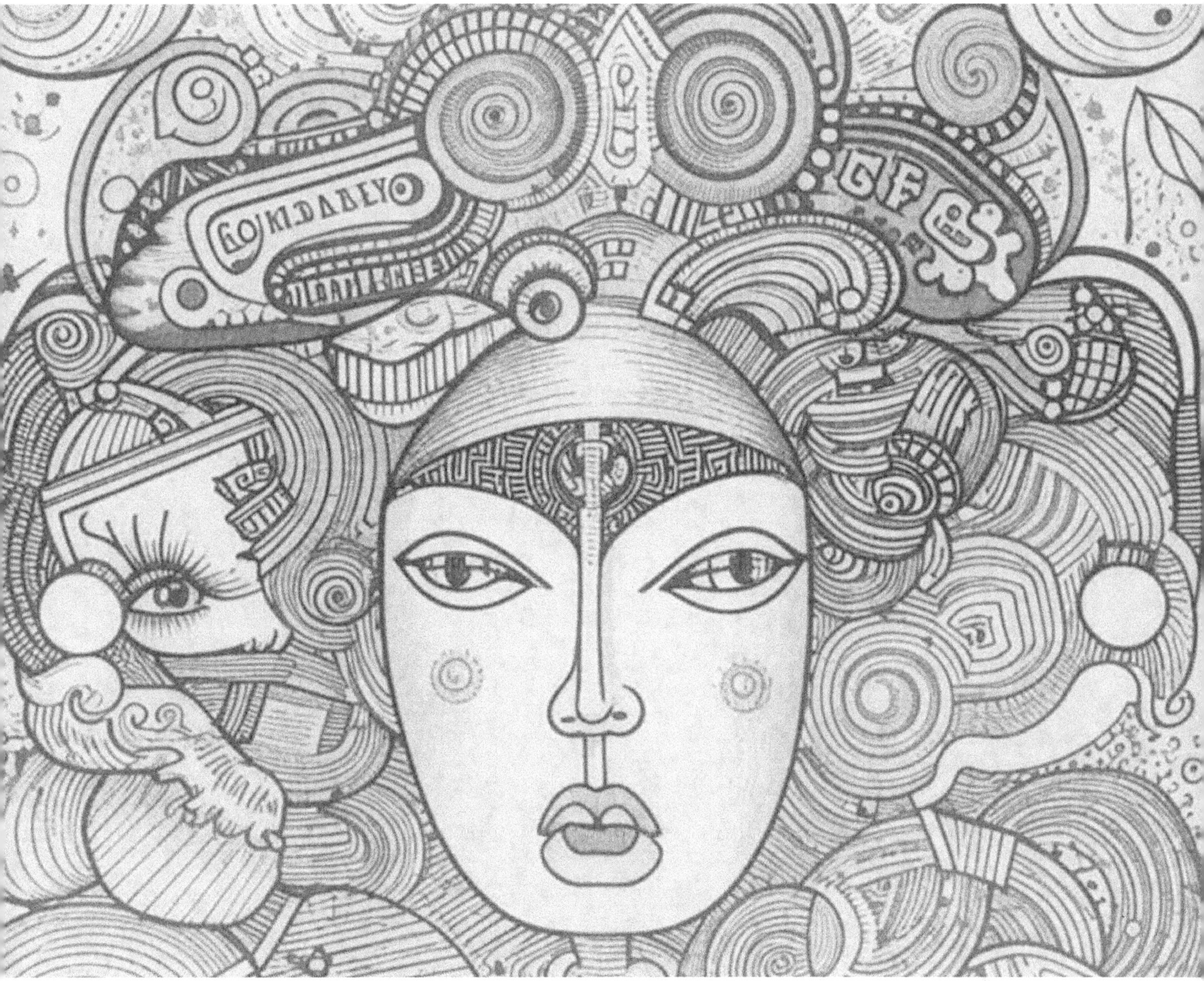

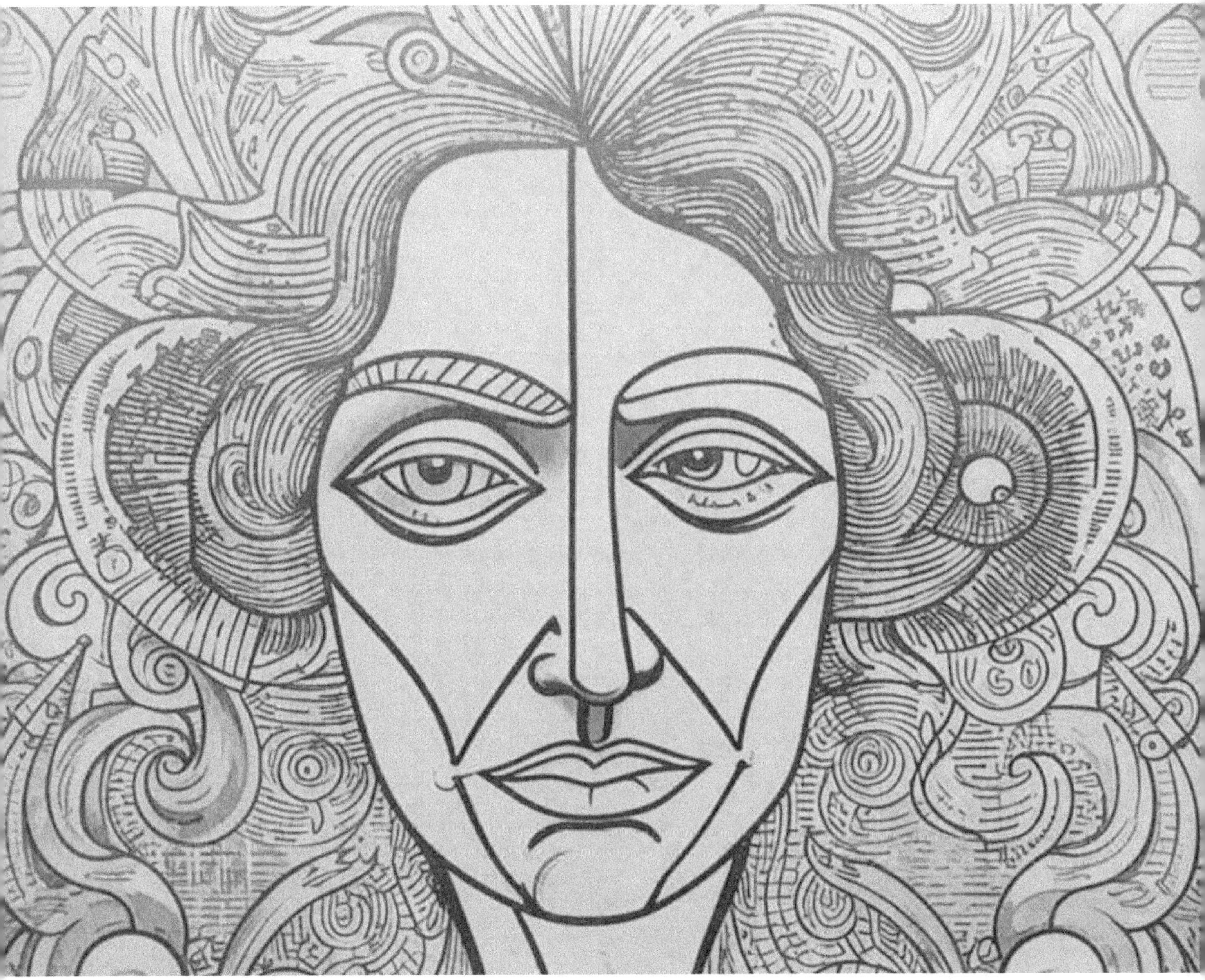

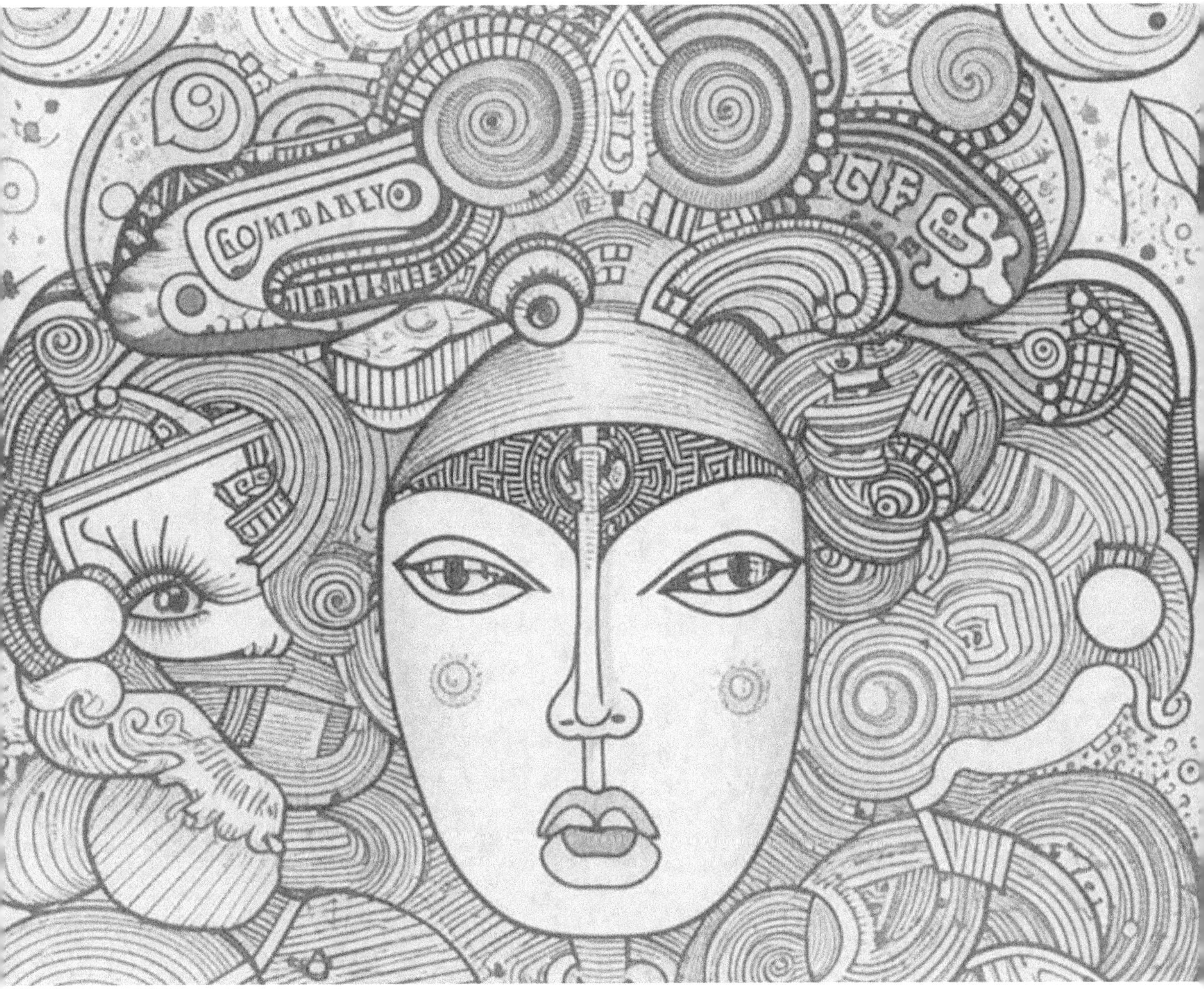

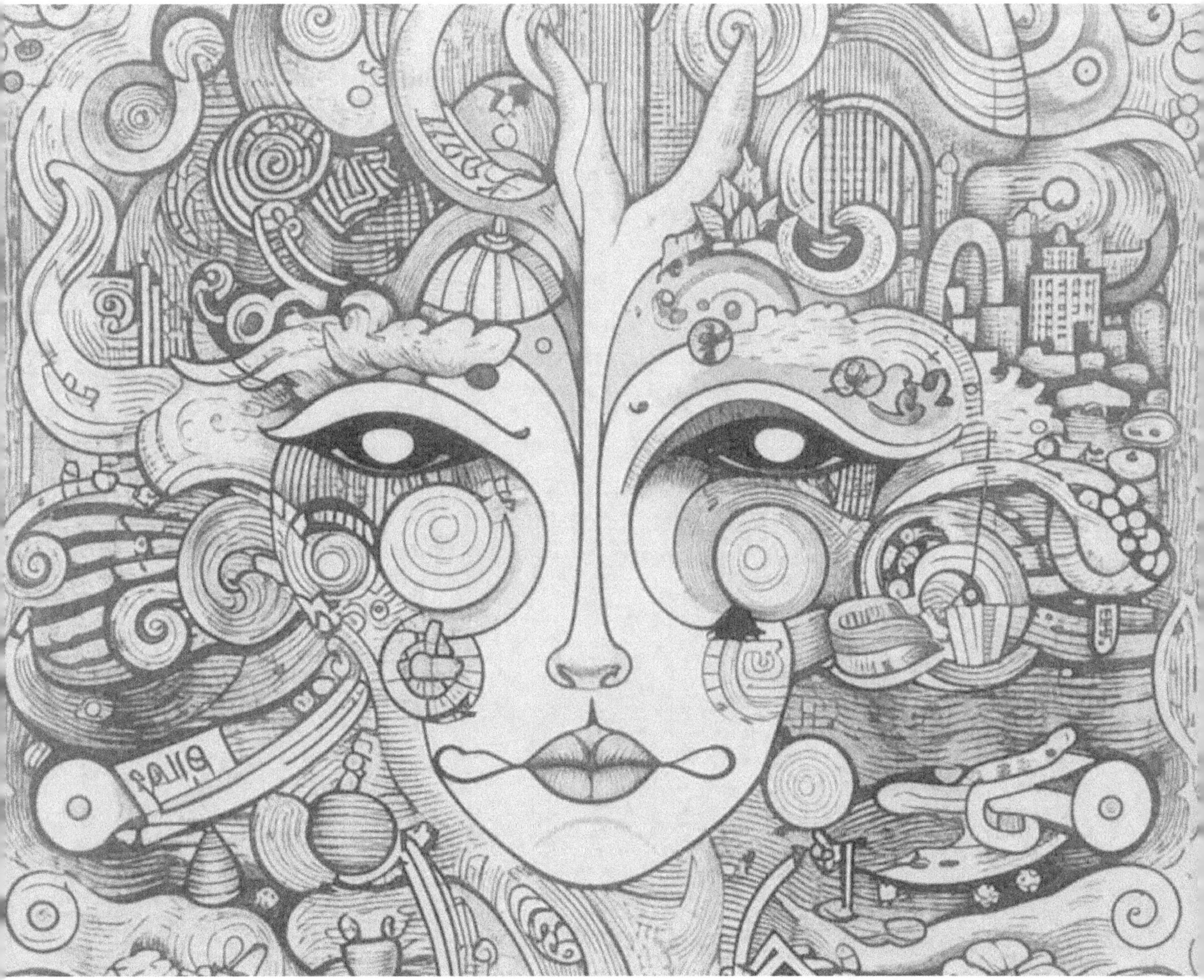

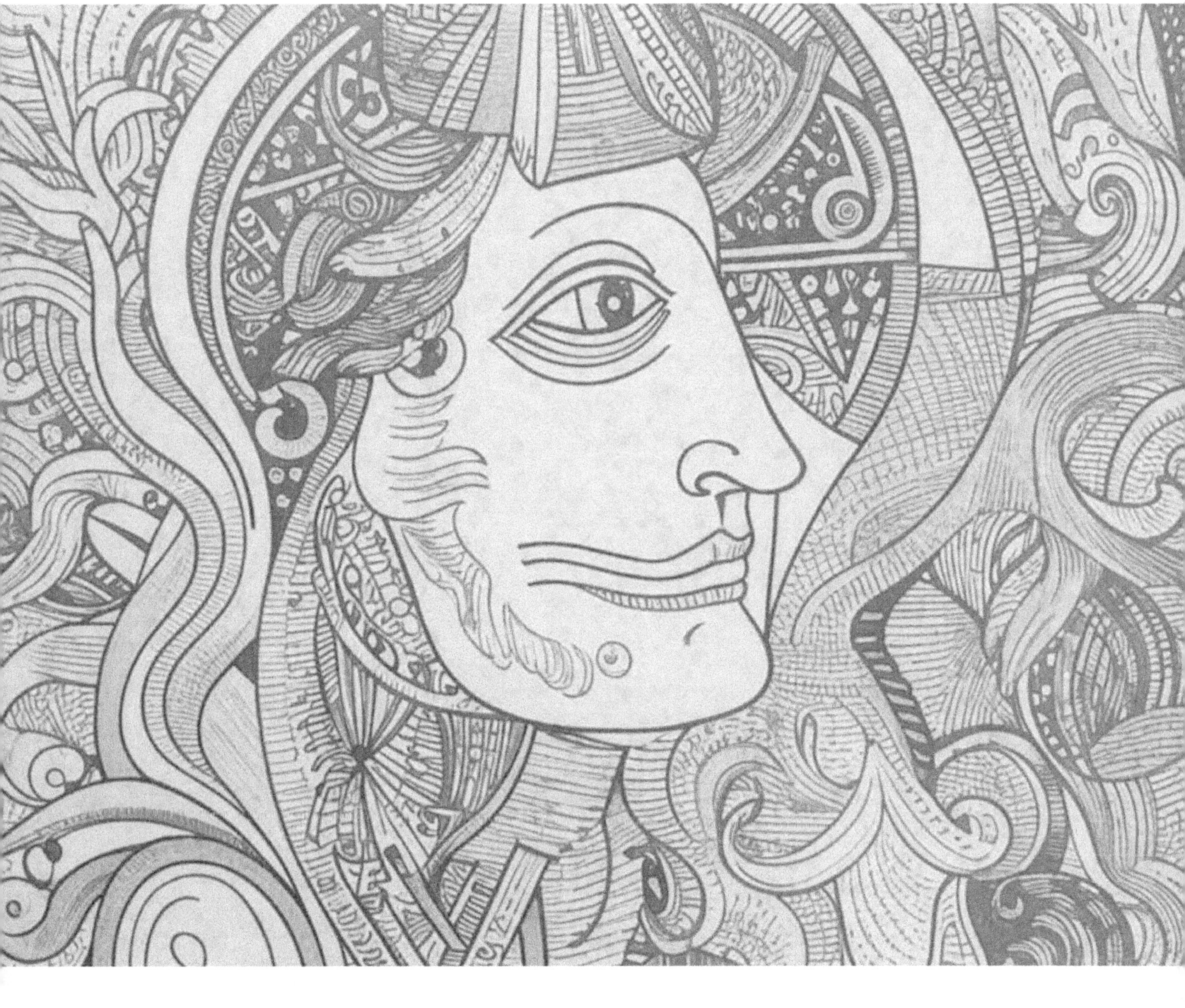

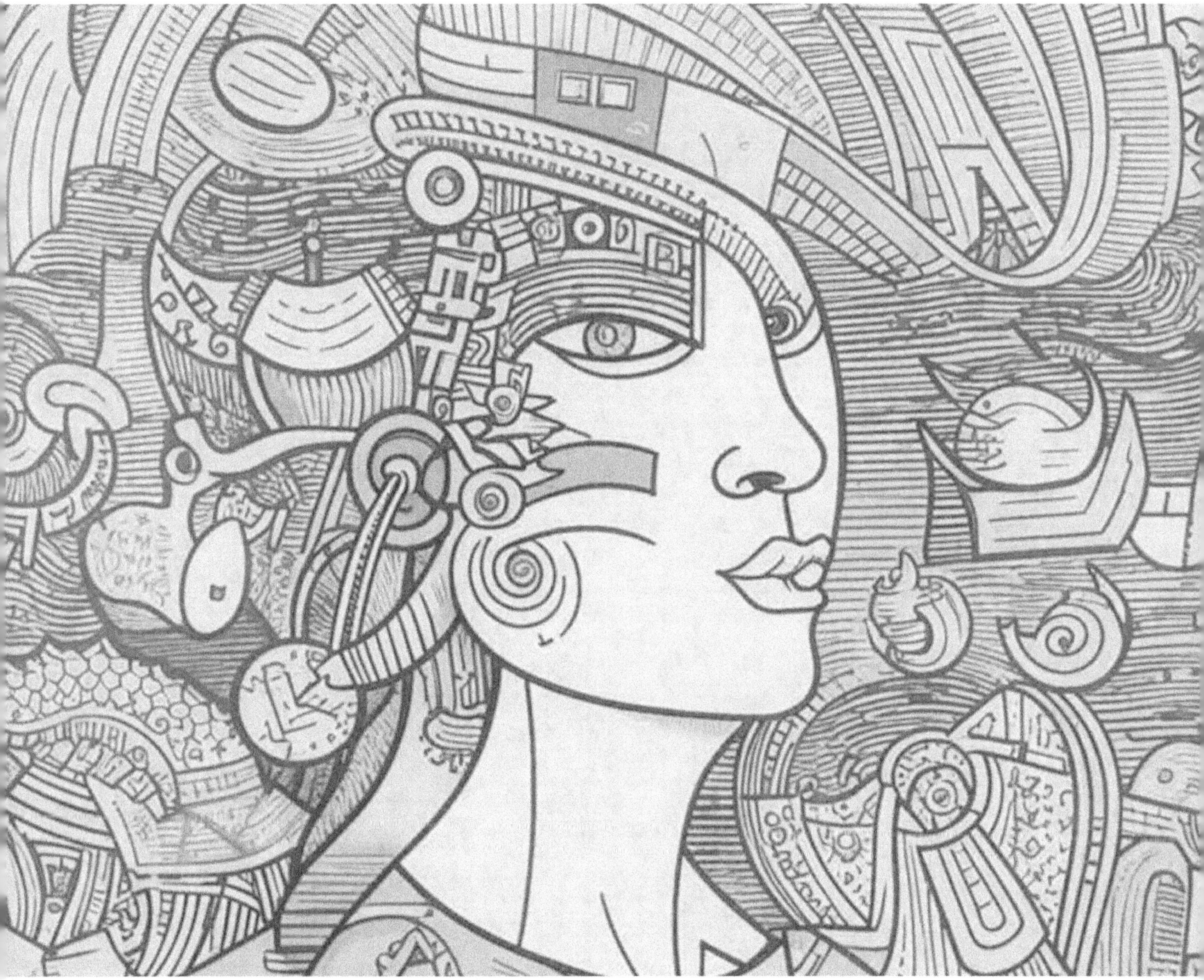

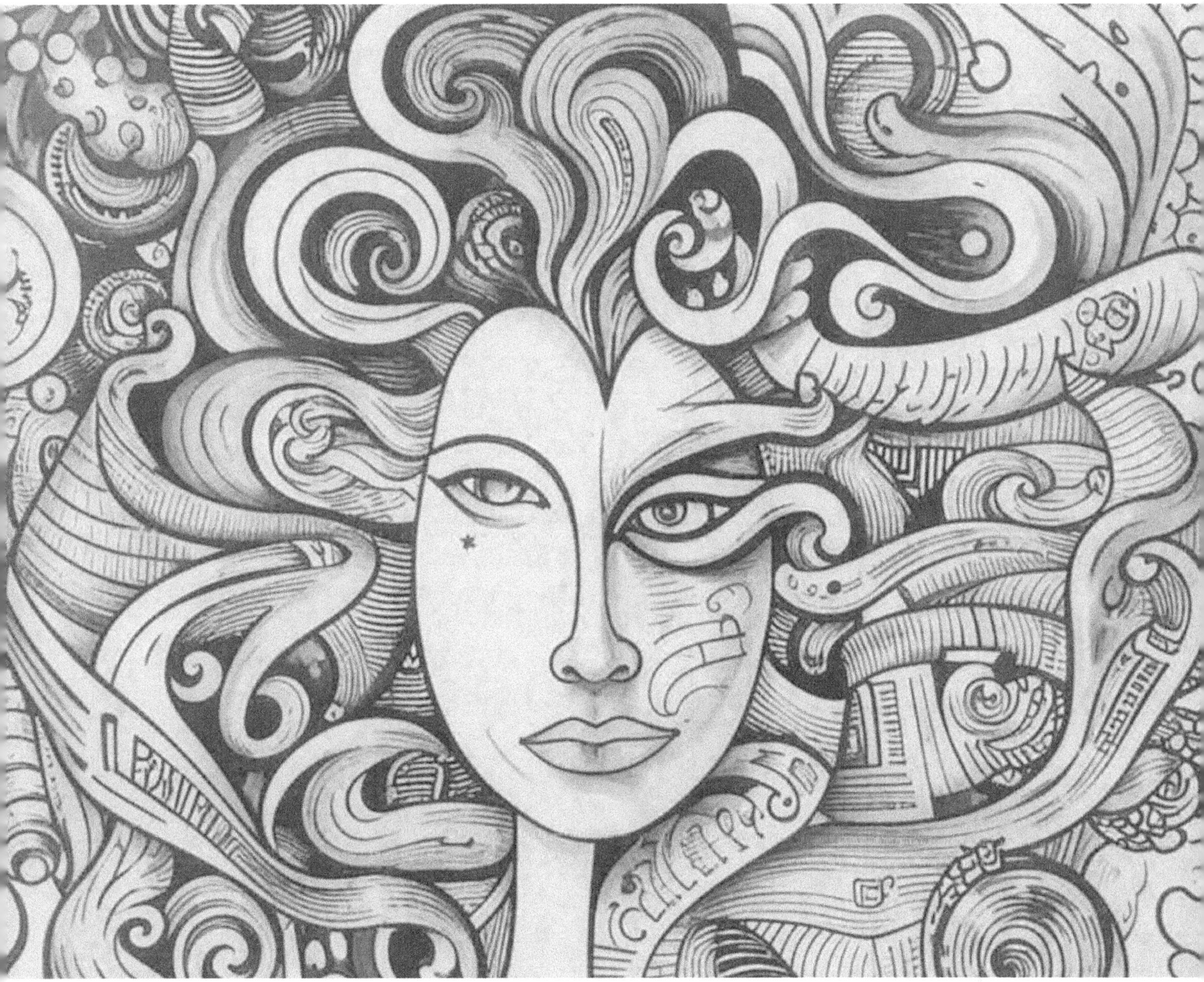

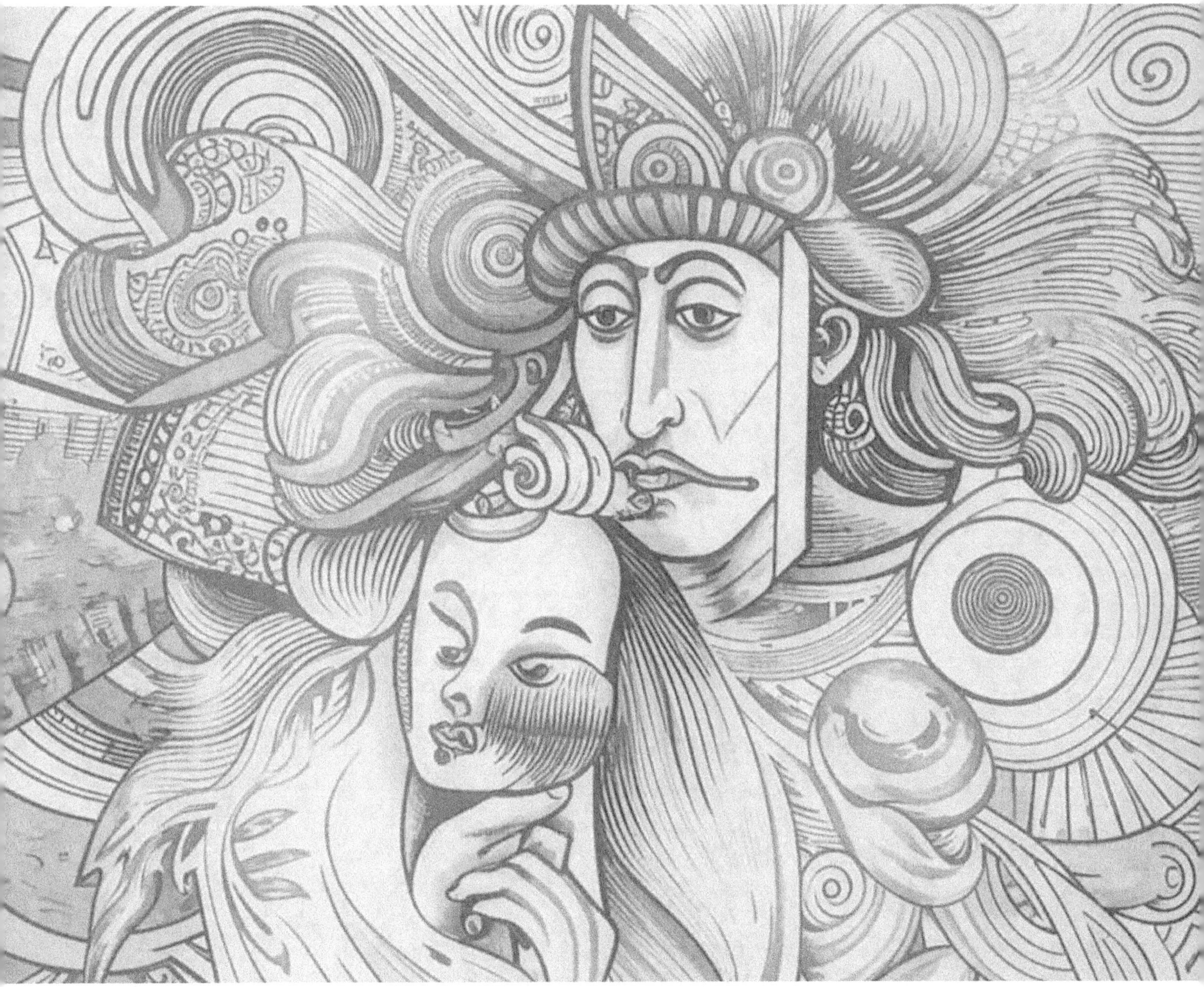

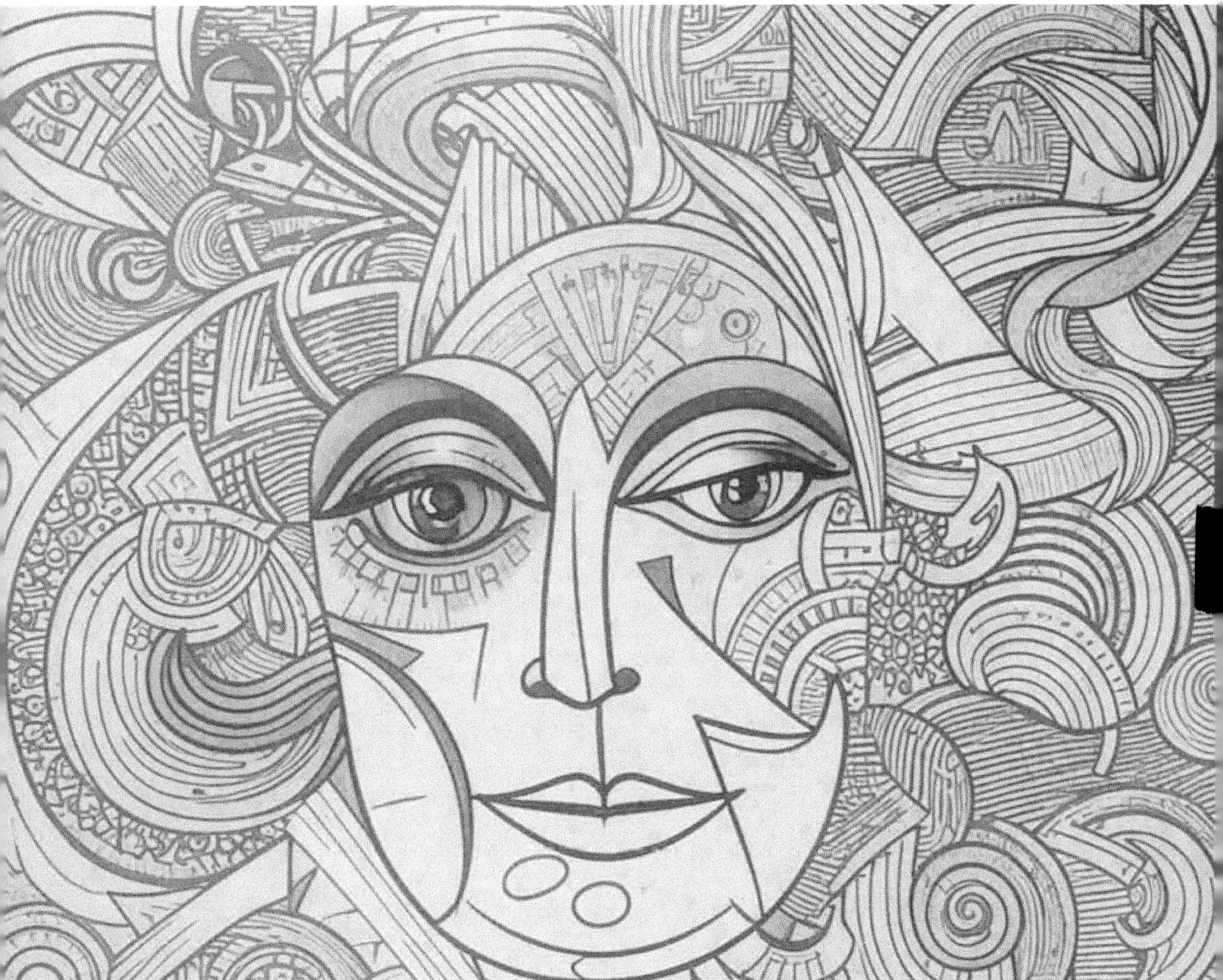

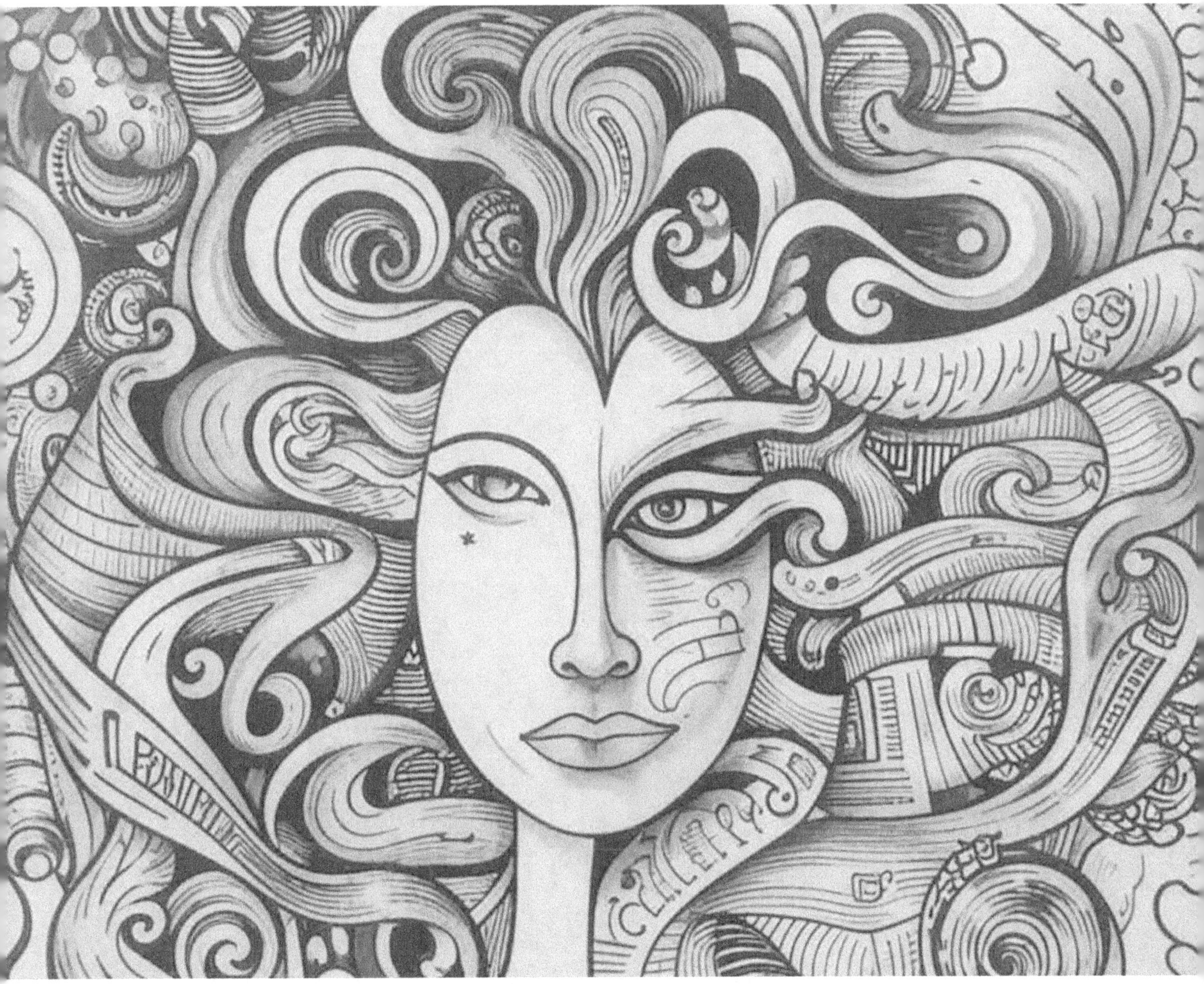

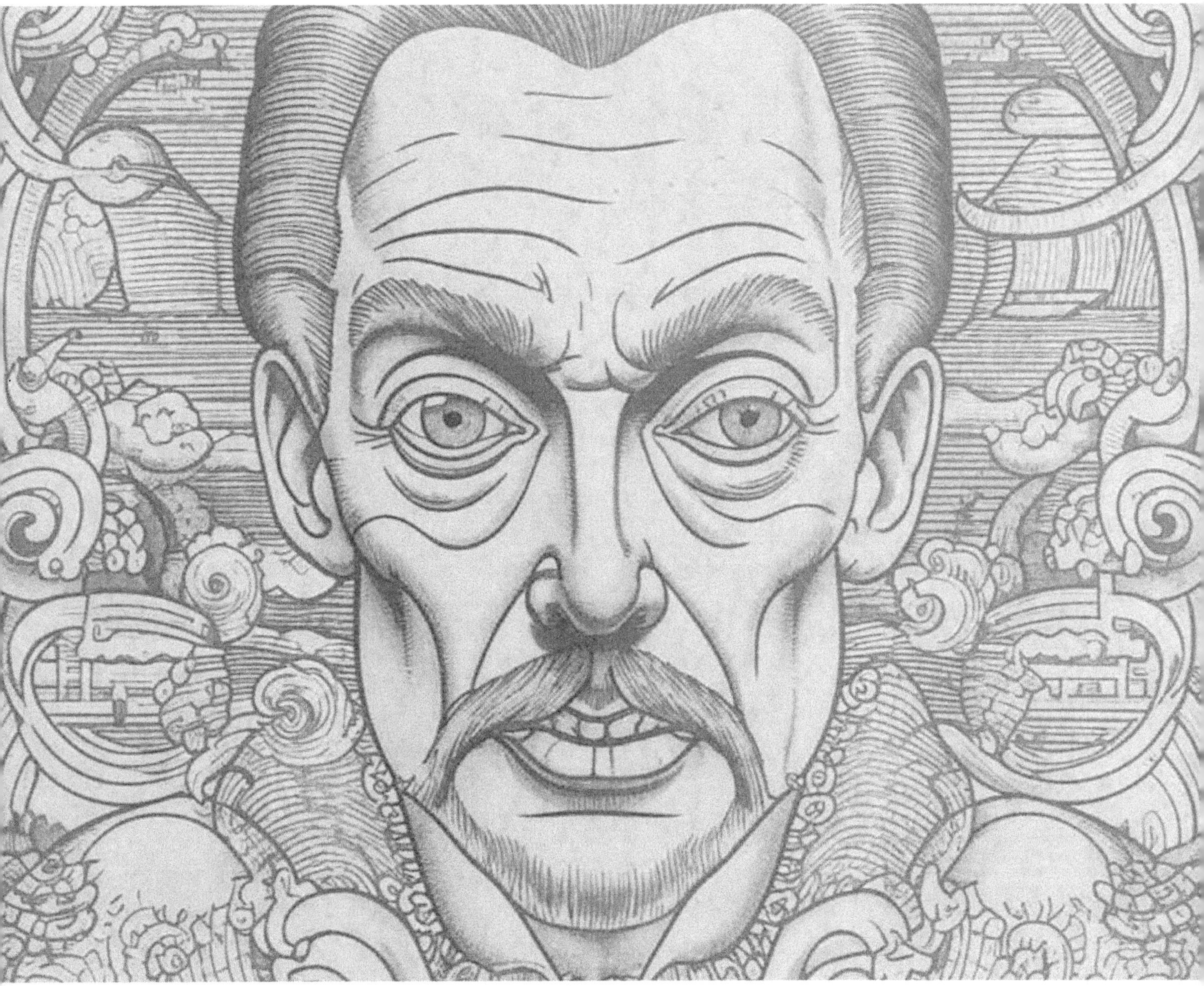

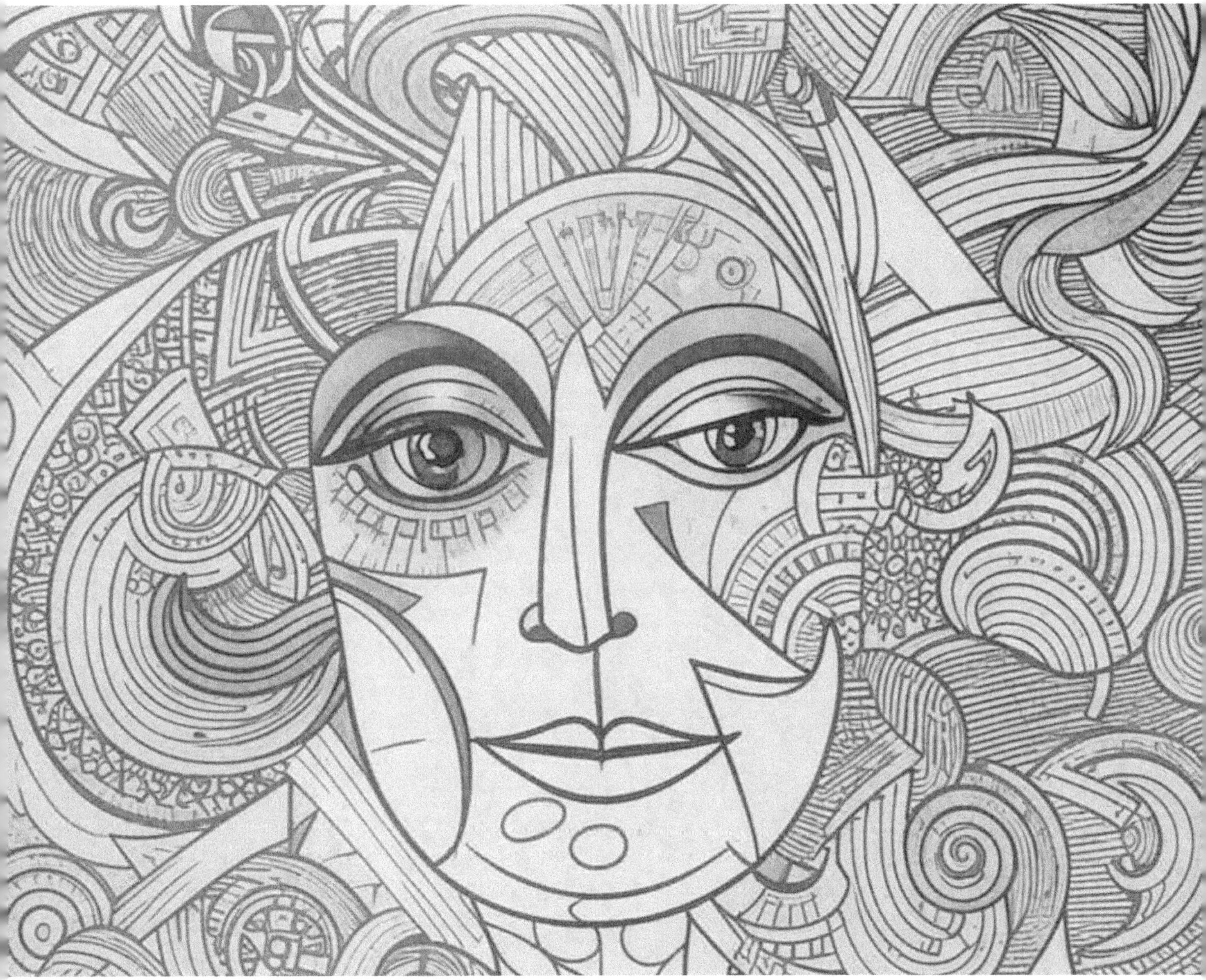

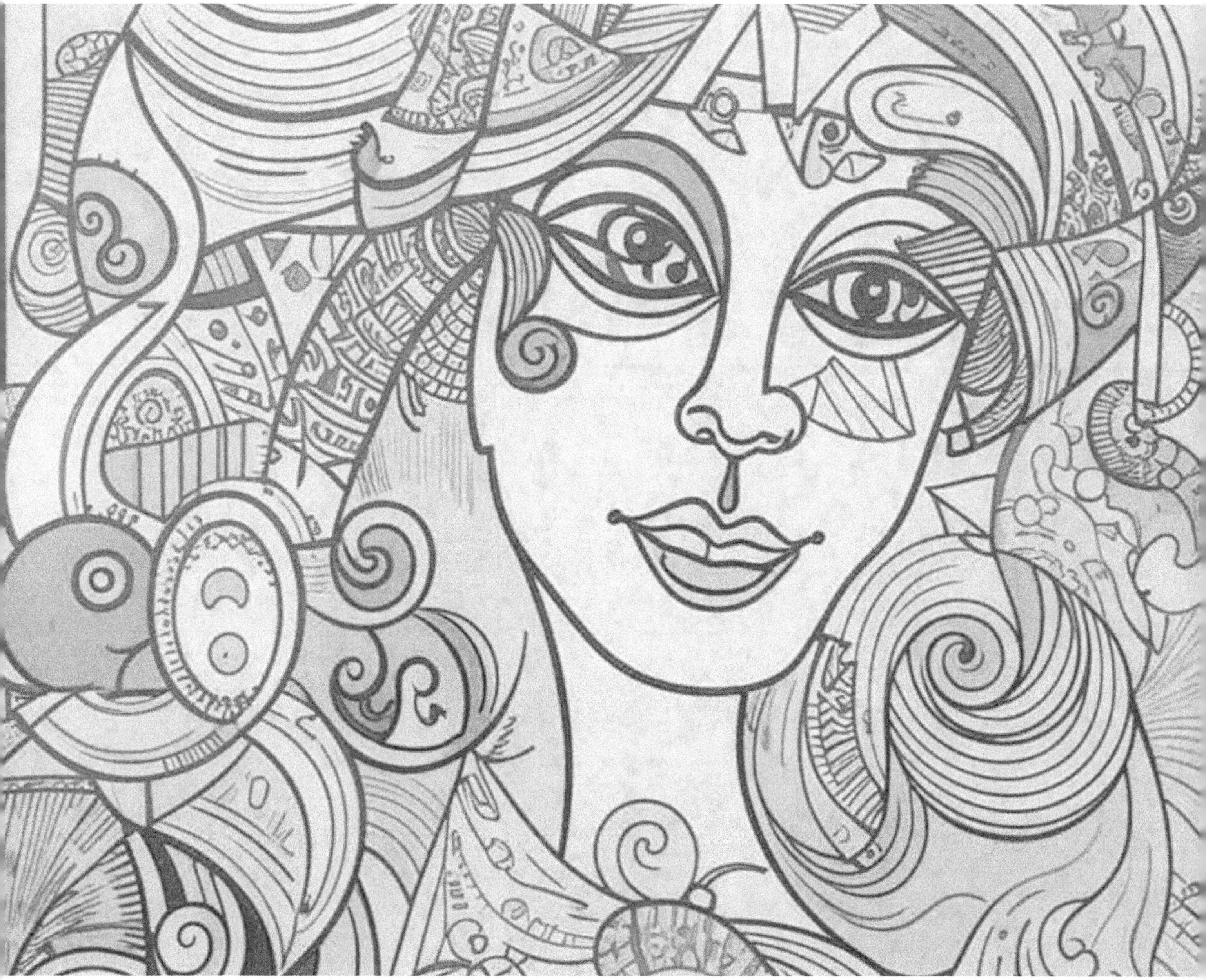

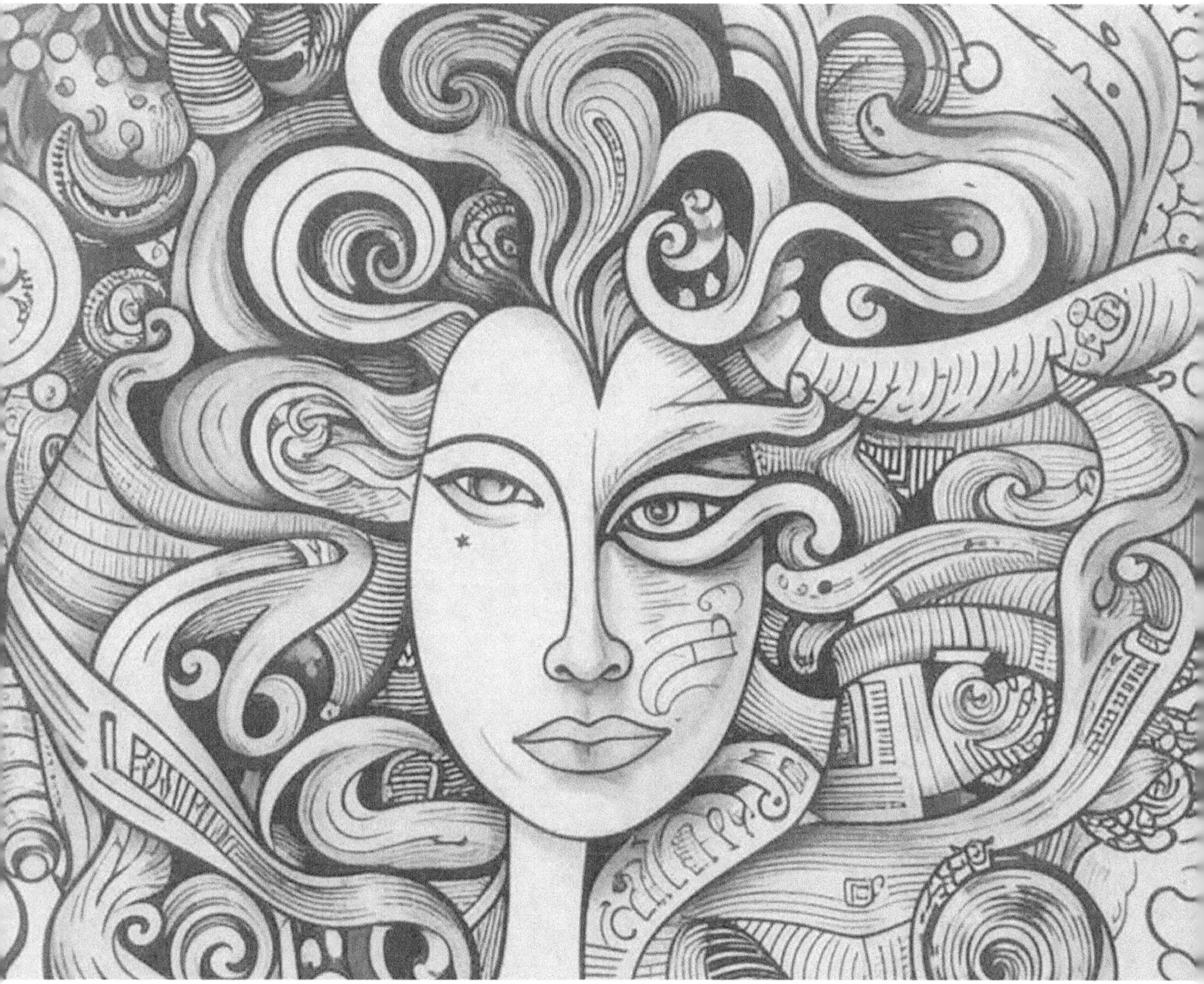

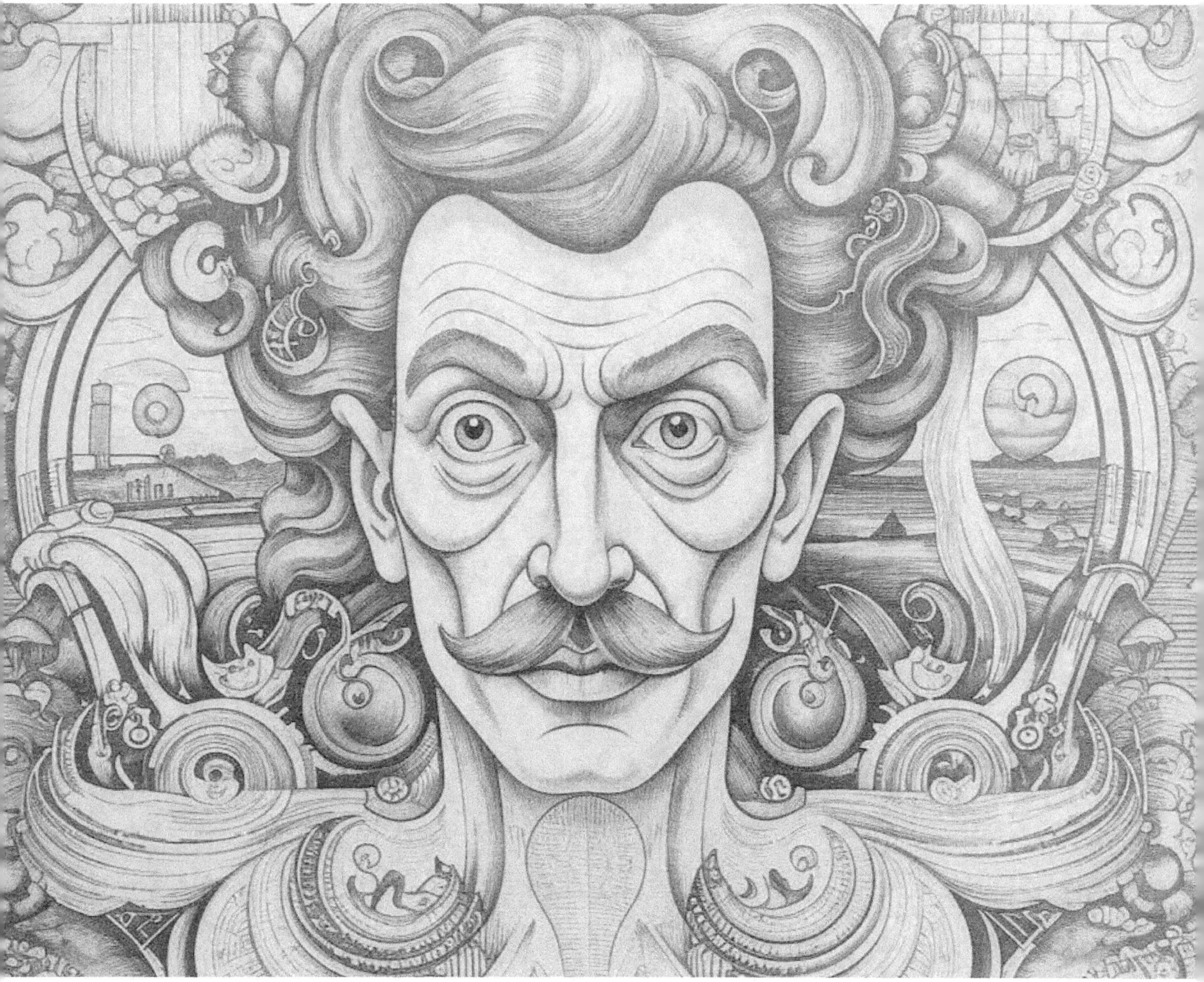

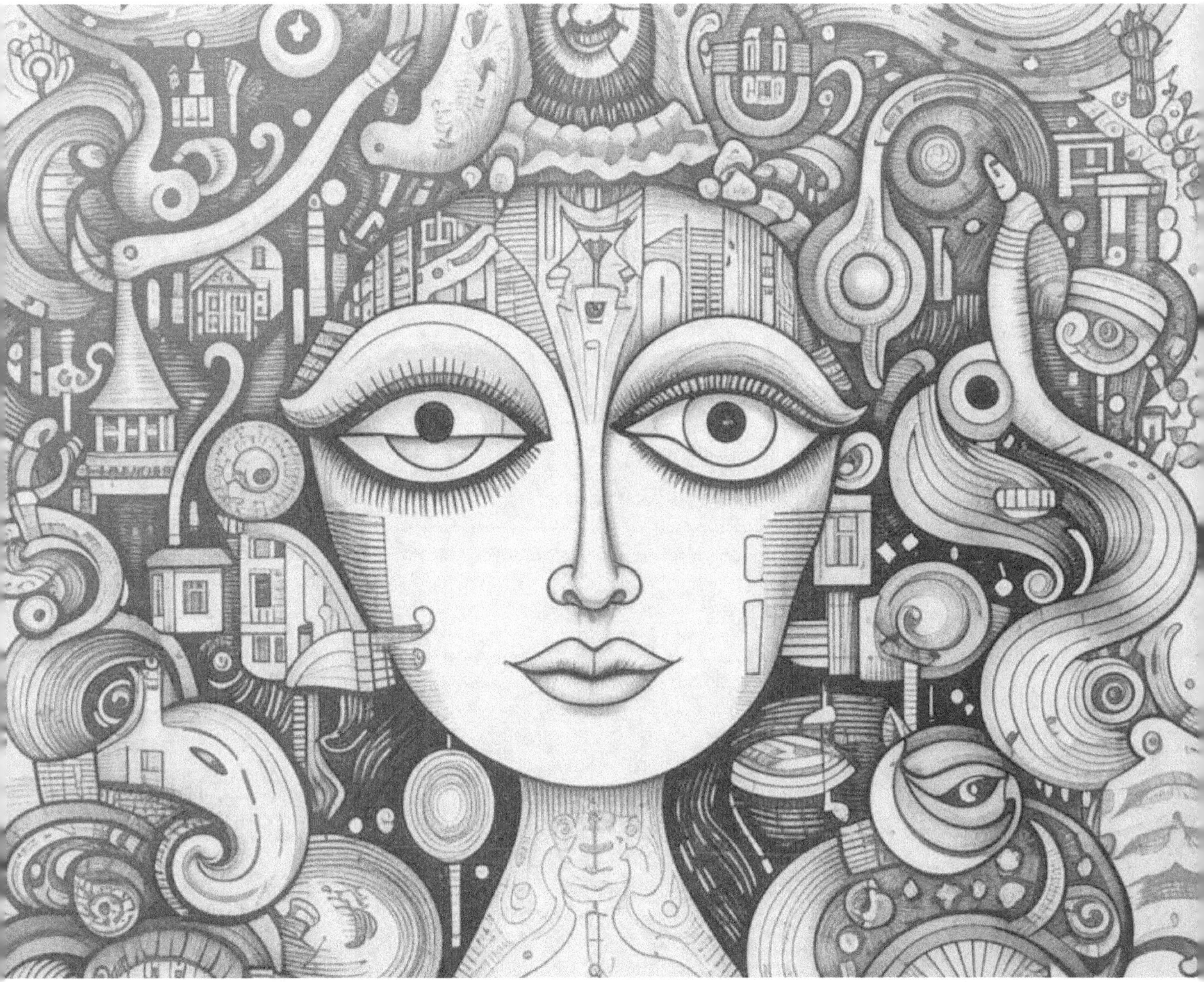

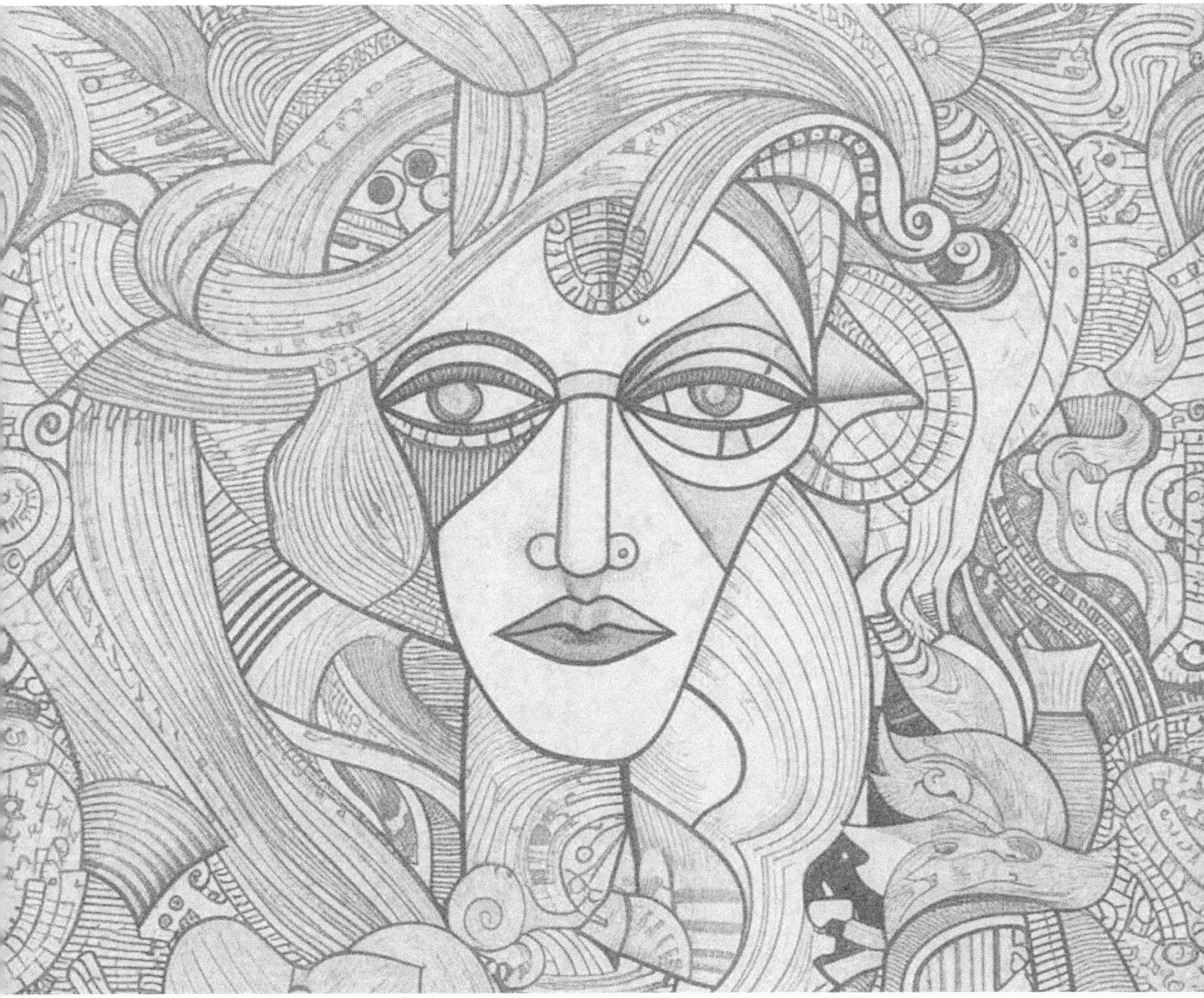

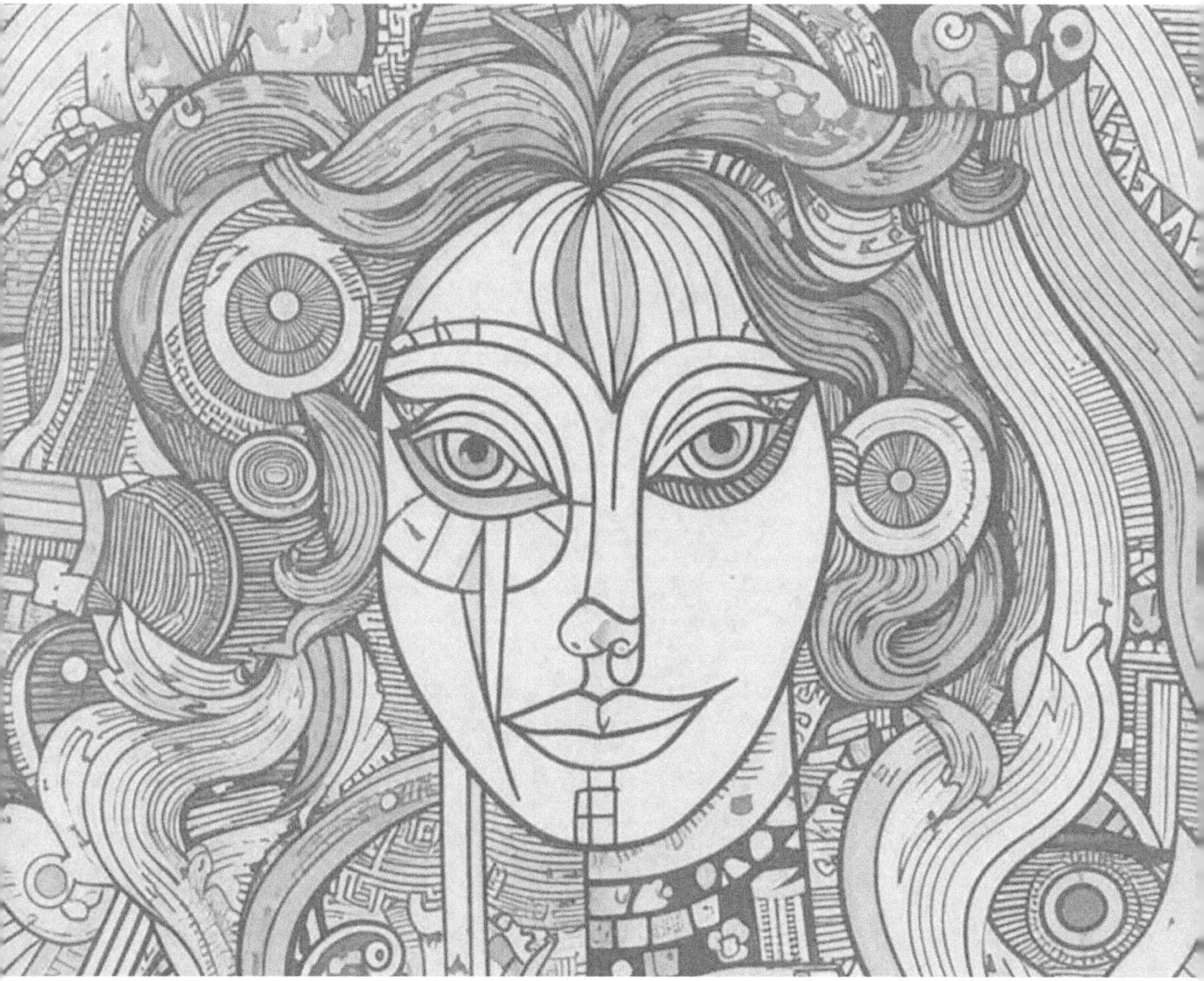

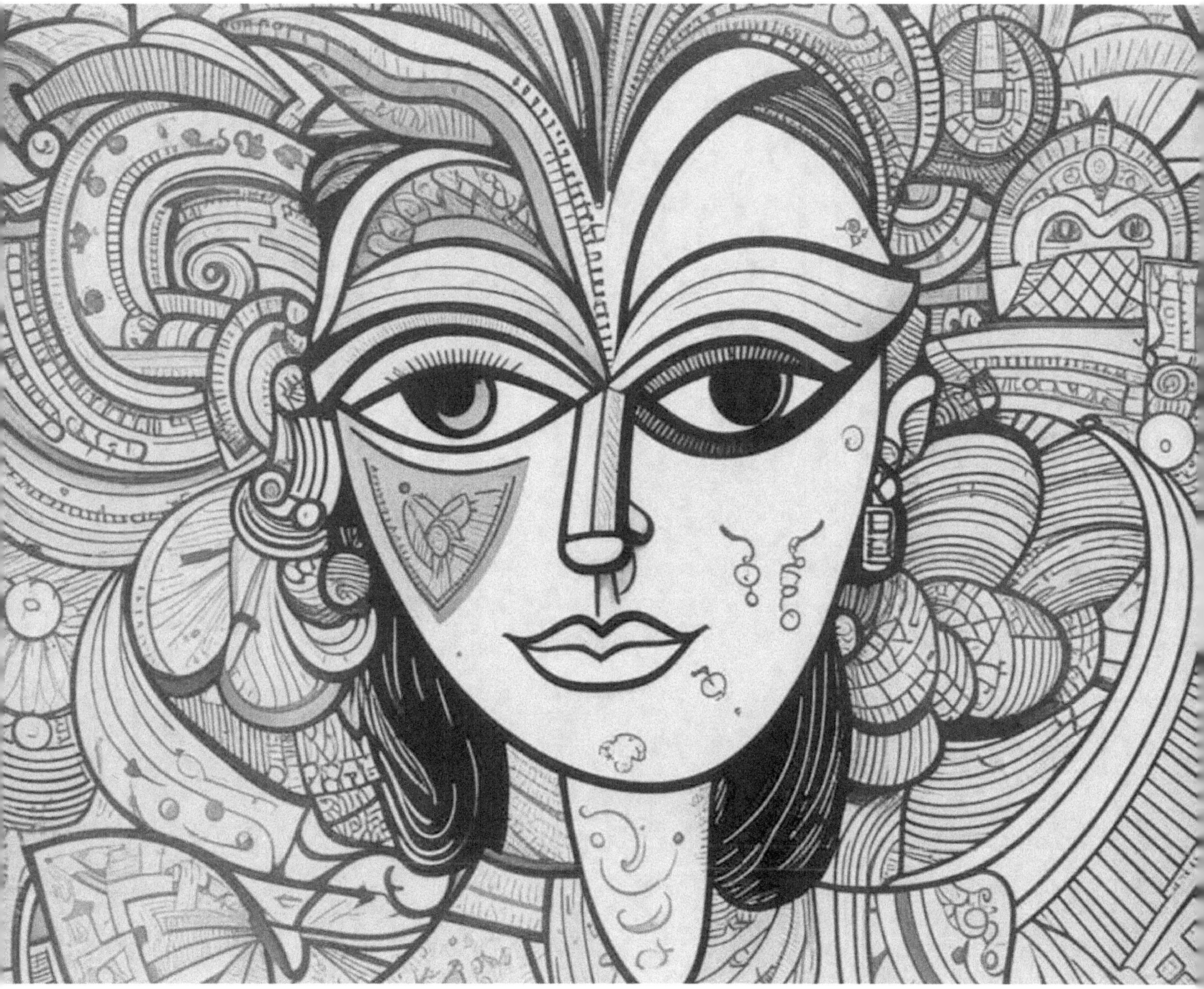

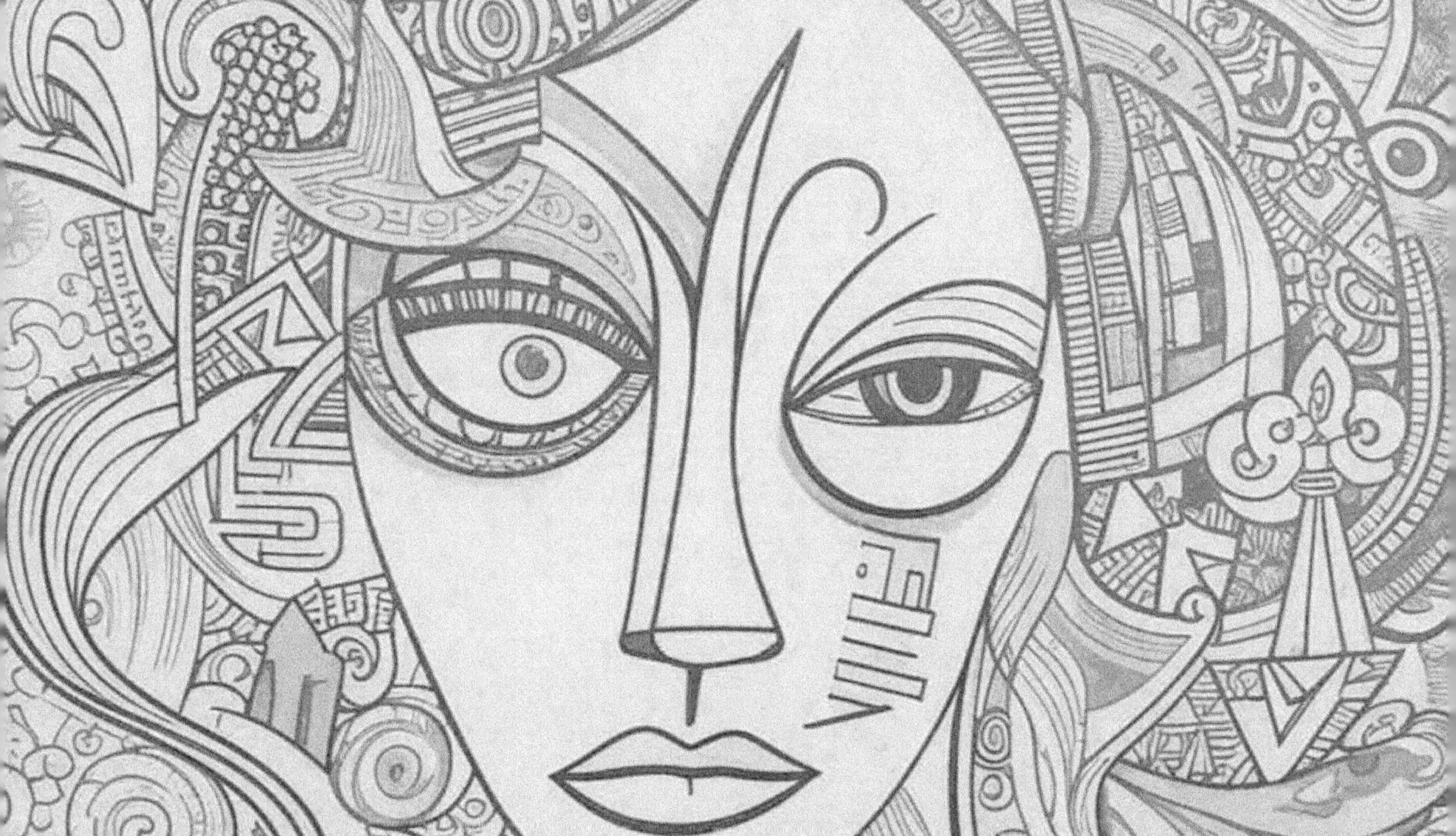

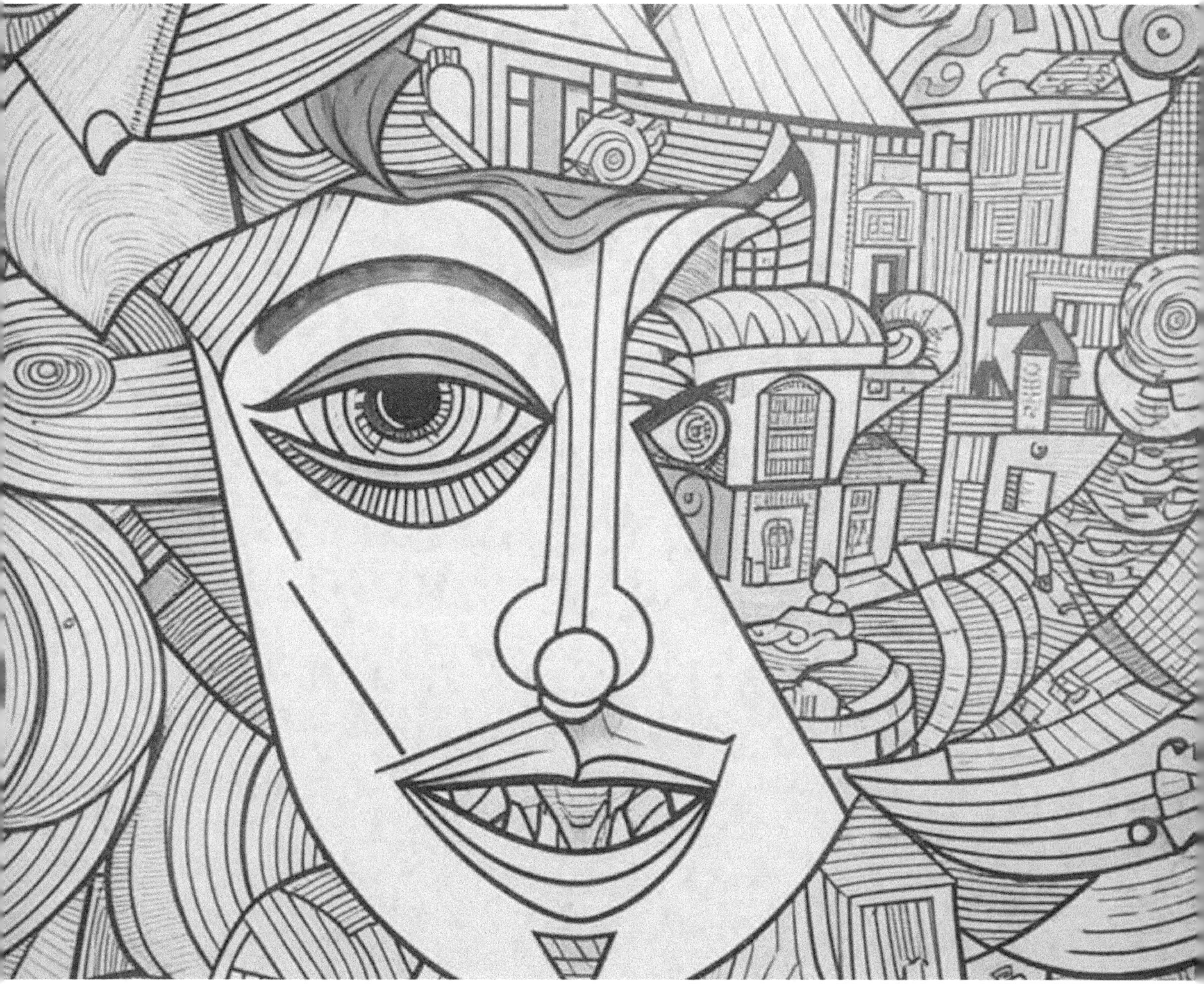

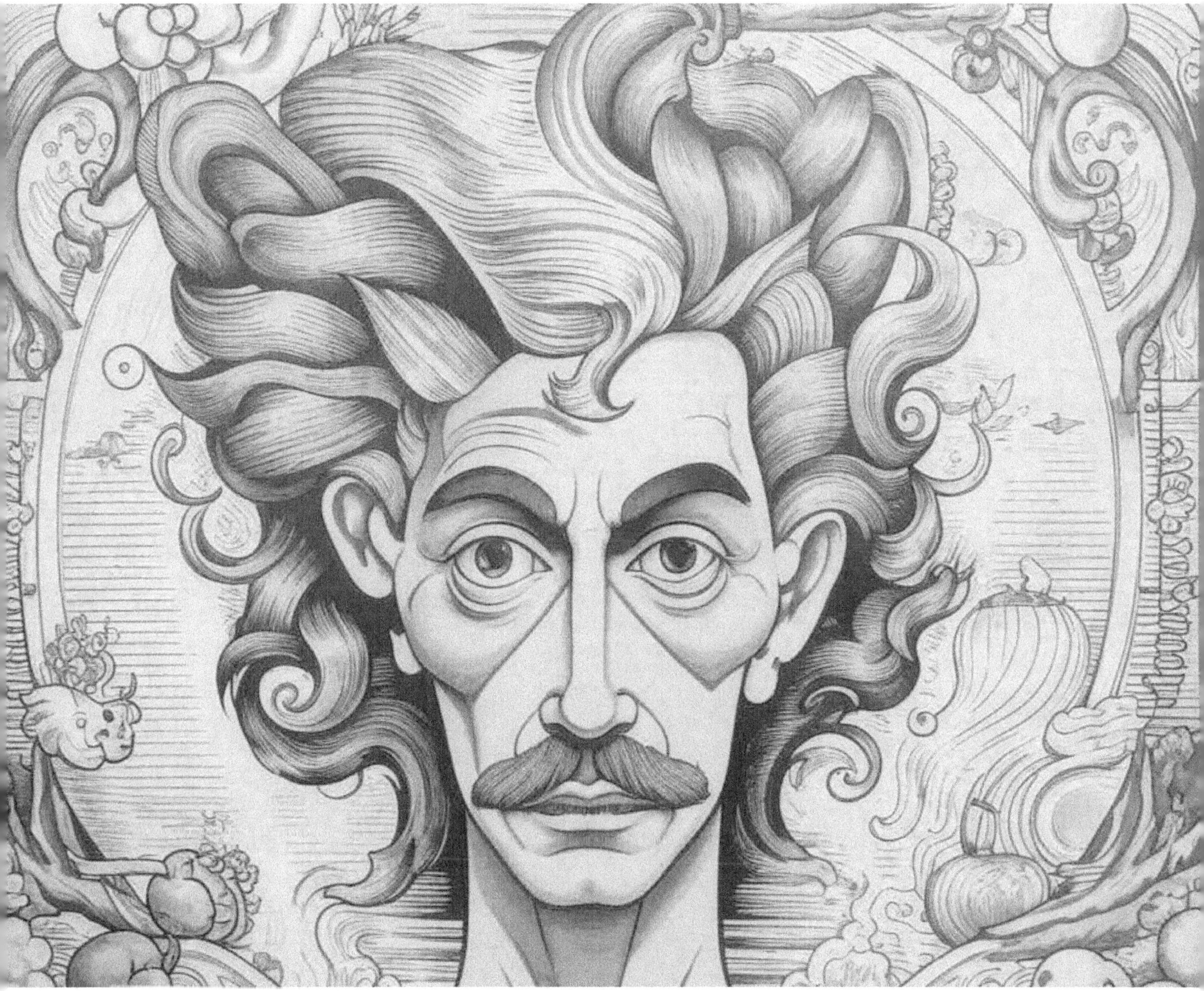

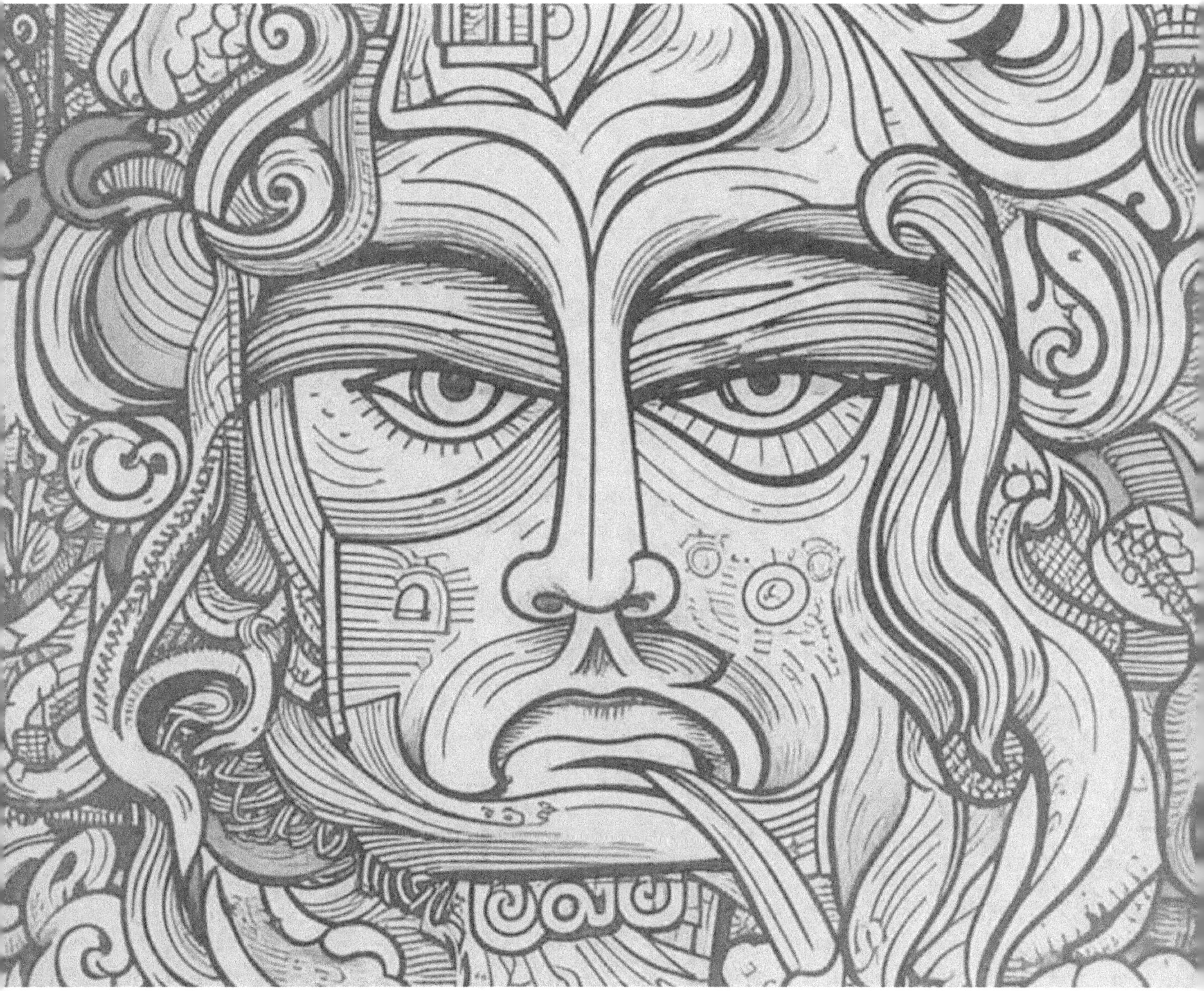

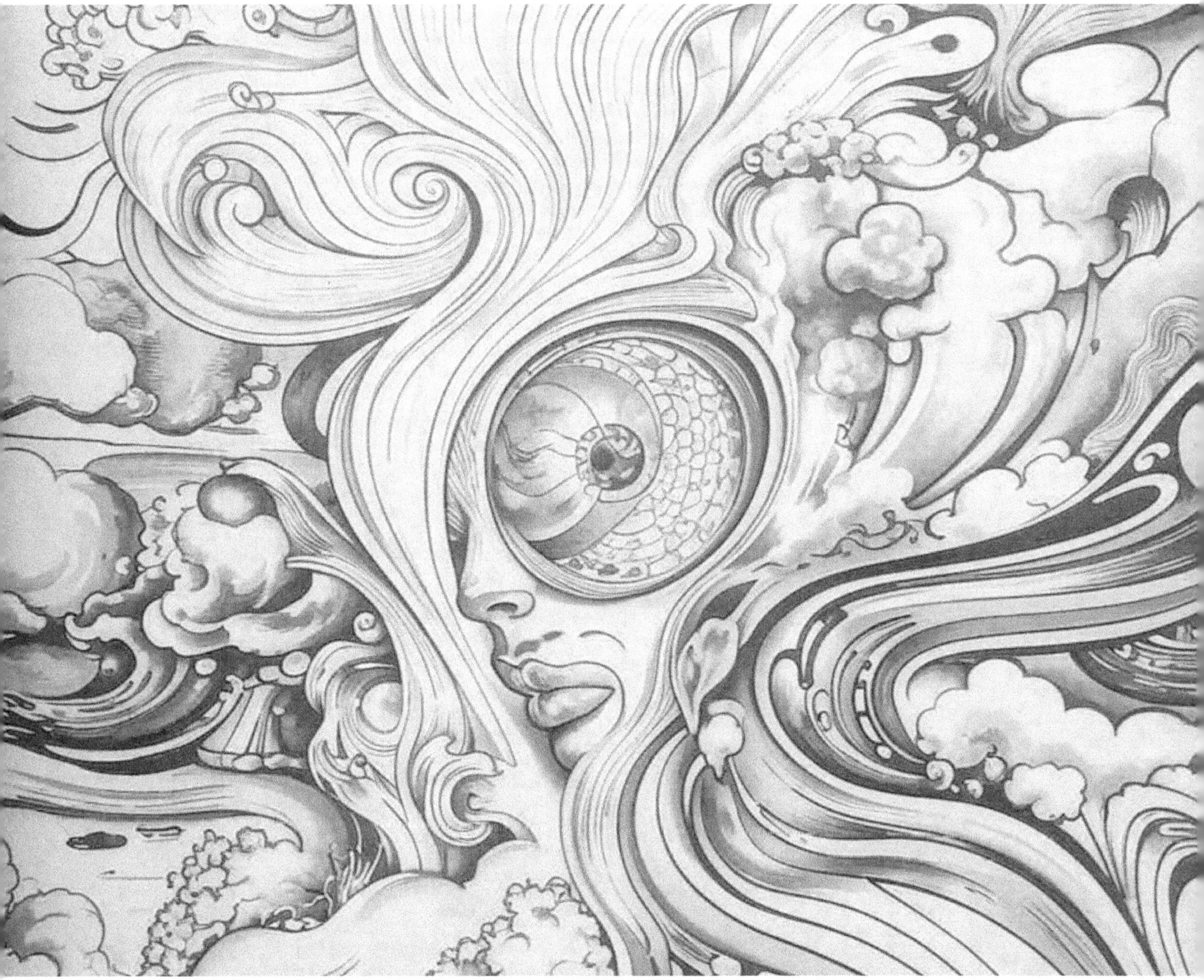

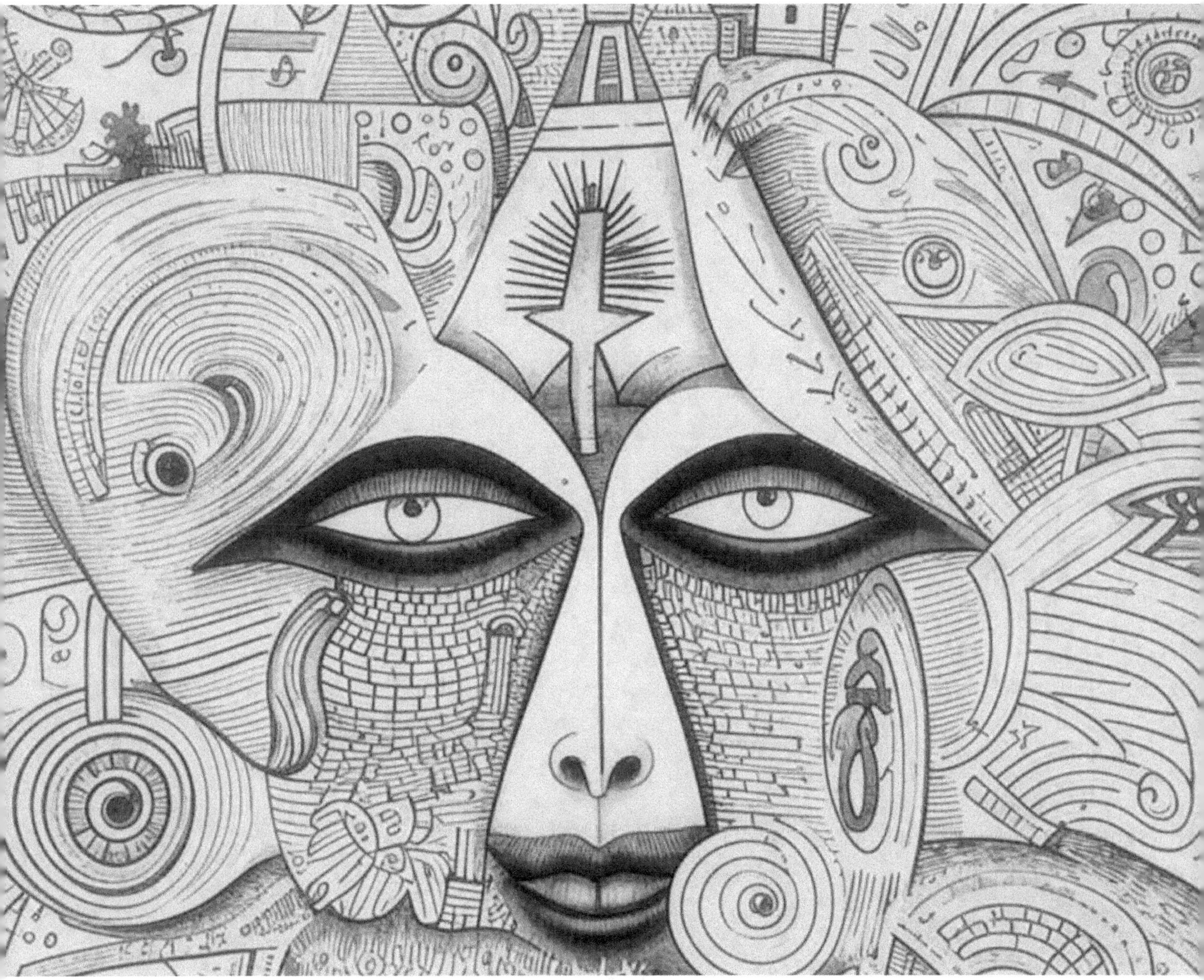

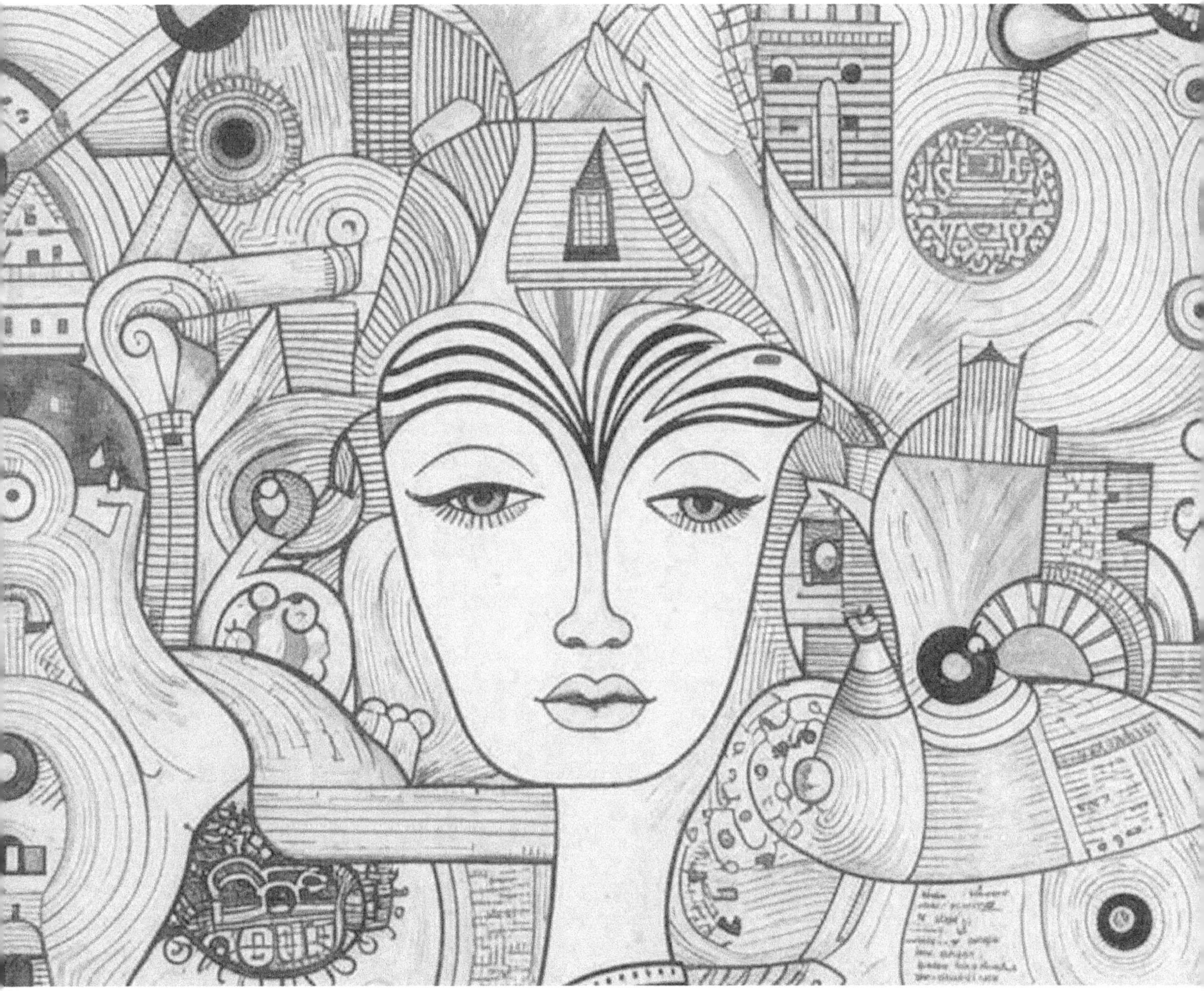

www.ingramcontent.com/pod-product-compliance
Lightning Source LLC
Chambersburg PA
CBHW062111220526
45471CB00010B/3689
* 9 7 9 8 3 4 1 4 5 2 4 0 4 *